영적 순례자들을 위한 40일 묵상
Forty Day Meditation for Spiritual Pilgrims

기도하며 함께 걷는 **예수의 길**

Walking together with Prayer The Path of Jesus

도서출판사 **TOBIA**

영문번역을 함께해준 갓피플 교회는 북미 이민교회의 세대 간 말씀에 대한 공통의 관심과 신앙적 소통을 돕는 일에 헌신하고 있으며 U.C San Diego 학생인 Joseph J, Oh와 Esther A. Kweon, 그리고 South Pasadena High School 학생인 Jeffrey J. Oh는 2018년 여름, 그들의 기독교인 친구들과 함께 『예수의 길』을 영어로 번역하는 일에 시간과 노력을 아끼지 않고 헌신해 주었습니다.

영적 순례자들을 위한 40일 묵상

기도하며 함께 걷는 예수의 길

1판 1쇄: 2019년 1월 25일

저자: 김진산 강신덕
영문번역: Joseph J, Oh, Esther A. Kweon, Jeffrey J. Oh
편집/디자인: 오인표
홍보/마케팅: 김일권 지동혁
펴낸이: 오세동
펴낸곳: 도서출판 토비아
등록: 426-93-00242
주소: (04041) 서울특별시 마포구 와우산로 73(홍익빌딩 4층)
      T 02-738-2082 F 02-738-2083

ISBN: 979-11-89299-07-1   03230
책값은 뒷표지에 있습니다. 무단 전재와 복제를 금합니다.

Forty Day Meditation for Spiritual Pilgrims
Walking together with Prayer   The Path of Jesus

ⓒ 2018 by Tobia Books
This edition published 2018 by Tobia Books.
#401 73 Wawoosan-ro Mapo-gu, Seoul, Korea
All right reserved
ISBN: 979-11-89299-07-1   03230
Price marked on the back cover.
Unauthorized reprinting and duplication is forbidden.

영적 순례자들을 위한 40일 묵상
Forty Day Meditation for Spiritual Pilgrims

기도하며 함께 걷는 **예수의 길**

Walking together with Prayer The Path of Jesus

도서출판사 **TOBIA**

김진산 목사는

이스라엘 바르일란 대학에서 성서를 공부하고 서울신학대학교와 한세대학교 등에서 학생들을 가르치며, 한국 교회 성도들과 지도자들에게 성서의 깊고 풍성한 의미를 가르치고 나누기 위해 터치바이블선교회 사역을 시작했다. 현재는 터치바이블선교회 말씀아카데미 원장으로 그리고 샬롬교회 책임목사로 섬기며 성지를 방문하는 이들을 영적으로 안내하는 사역과 평신도 및 목회자들에게 성서를 가르치는 일에 헌신하고 있다.

Pastor Jinsan Kim studied the Bible in Israel's Bar-Ilan University and teaches students in Seoul Theological University and Hansae University. He started the Touch Bible Ministry to teach the deep and abundant meaning of the Bible to Christians and leaders of the Korean churches. Currently he is serving as the director of the Touch Bible Ministry's Bible Academy. He is also the pastor-in-charge of the Shalom Church, leading the ministry in guiding those who visit the Holy Sites and teaching the Bible to Christians and pastors.

강신덕 목사는

서울신학대학교와 캐나다 벤쿠버 리젠트 칼리지에서 기독교교육과 제자훈련을 공부하고 기독교대한성결교회 총회 교육국에서 오랫동안 성서 교재 만드는 일에 헌신했다. 현재는 터치바이블선교회 대표로 헌신하고 있으며, 말씀아카데미에서 역사와 지리 문화로 성서를 가르치는 일과 제자의 바른 성경읽기 훈련을 이끌고 있다. 샬롬교회에서 목회자로 헌신하고 있다.

Pastor Kang Shinduk studied Christian education and discipleship training in the Seoul Theological University and Canada Vancouver Regent College and devoted himself for a long time in making Bible teaching aids at the [Korea Evangelical Holiness Church Headquaters. Education Department]. Currently he serves as the representative of the Touch Bible Ministry, and leads the Disciple's Correct Bible Reading Training and Teaching the Bible with History and Geographical Culture in the Bible Academy. He also serves as a pastor in Shalom Church.

'예수의 길' 묵상집은
"The Path of Jesus" Meditation collection …

1 성지를 순례하시는 분들을 위해 만들어졌습니다. 성지 순례 특히 이스라엘 방문과 순례를 계획하고 계시다면 이 묵상집과 함께 순례의 길을 떠나시기 바랍니다.
Was created for those who are going on a pilgrimage to the Holy Land. If you are planning a pilgrimage to the Holy Land, especially a visit or pilgrimage to Israel, please go on your journey with this meditation collection.

2 사순절과 고난주간 그리고 부활절을 보다 깊이 있게 묵상하며 보내기를 원하시는 신실한 그리스도인과 교회 공동체를 위해 만들어졌습니다. 재의 수요일로부터 부활주일까지 이어지는 40일의 십자가 죽음과 부활의 여정을 이 책과 함께 하시며 영적 묵상의 여행을 떠나보시기 바랍니다.
Was created for the faithful Christians and church communities who wish to spend the Lent season, Passion Week, and Easter with deeper meditations. With this book, start for a spiritual meditation trip, stretching from Ash Wednesday to Easter, following the forty-day journey of Jesus's death on the cross and resurrection.

3 교회 공동체나 특정 기독교 공동체의 일정 기간 새벽 혹은 저녁 기도 시간, 기도 및 말씀 나눔을 위해 만들어졌습니다. 공동체의 삶 가운데 특정한 시간 특히 40일 가량의 특별한 가도 시간을 계획하고 계시다면 이 묵상집과 함께 현장감 있고 깊이 있는 십자가를 향한 기도의 시간을 가져보시기 바랍니다.
Was created for churches or Christian communities that gather together for a decided period of time in the morning or evening for sharing a message or prayer. If you are planning a special time of prayer, especially around the length of forty days, spend the session of realistic and deep prayer to the cross with this meditation collection.

CONTENTS

메시아로 오신 길

제1일	**베들레헴**-부르심 받은 자리 / 016	
제2일	**애굽**-하나님이 예비하신 피난처 / 020	
제3일	**요단강**-구원의 길을 여신 자리 / 024	
제4일	**광야**-하나님의 뜻을 확신하는 자리 / 028	
제5일	**가나**-변화의 자리 / 032	
제6일	**나사렛**-새로운 사역이 움튼 자리 / 036	
제7일	**가버나움**-위로가 시작된 자리 / 040	
제8일	**베드로의 집**-은혜를 나누는 자리 / 044	
제9일	**회당**-모세의 마음을 회복한 자리 / 048	
제10일	**갈릴리 호숫가**-제자를 부르신 자리 / 052	

The Path He Came as the Messiah

Day 1	Bethlehem - The Place Where He Was Called / 016	
Day 2	Egypt - The God-Prepared Place of Refuge / 020	
Day 3	Jordan River - The Place Where the Path of Salvation Was Opened / 024	
Day 4	Wilderness - The Place to Confirm God's Will / 028	
Day 5	Canaan - The Place of Change / 032	
Day 6	Nazareth - The Place Where a New Ministry Sprouted / 036	
Day 7	Capernaum - The Place Where Consolation Began / 040	
Day 8	Peter's Home - The Place to Share Grace / 044	
Day 9	Synagogue - The Place Where the People's Hearts Were Restored to One of Moses / 048	
Day 10	Galilee Lakeside - The Place Where the Disciple is Called / 052	

하나님 나라를 전하는 길

제11일	**팔복산**-제자를 세우시는 자리 / 058	
제12일	**갈릴리의 길**-병자들을 고치신 자리 / 062	
제13일	**갈릴리의 길**-의의 길로 부르신 자리 / 066	
제14일	**갈릴리의 길**-참 믿음을 보신 자리 / 070	
제15일	**벳새다**-백성들을 품으신 자리 / 074	
제16일	**여리고**-내려서기를 요청하신 자리 / 078	
제17일	**수로보니게**-간절한 기도를 들으신 자리 / 082	
제18일	**가이사랴빌립보**-메시아로 서신 자리 / 086	
제19일	**거라사**-복음의 영역을 확장하신 자리 / 090	
제20일	**사마리아**-중심을 가르치신 자리 / 094	

Path to Spread the Kingdom of God

- **Day 11** Mount of the Beatitudes - The Place Where the Disciples Are Raised / 058
- **Day 12** Path of Galilee - The Place Where the Sick Were Healed / 062
- **Day 13** Path of Galilee - The Place Where You Are Called to the Path of Righteousness / 066
- **Day 14** Path of Galilee - The Place Where He Saw True Faith / 070
- **Day 15** Bethesda - The Place Where the People Were Embraced / 074
- **Day 16** Jericho - The Place He Asks Us to Come Down / 078
- **Day 17** Syria Phoenicia - The Place Where He Heard the Desperate Prayer / 082
- **Day 18** Caesarea Philippi - The Place Where He Stood as the Messiah / 086
- **Day 19** Gadara - The Place Where the Territory of the Gospel Was Expanded / 090
- **Day 20** Samaria - The Place Where He Taught the Center / 094

CONTENTS

진리의 빛으로 가신 길

제21일	**예루살렘 성전**-생명의 물을 베푸신 자리 / 100
제22일	**한적한 곳**-하나님과 만나신 자리 / 104
제23일	**다른 마을**-하나님 나라를 두루 전하신 자리 / 108
제24일	**갈릴리 바다**-질서를 세우신 자리 / 112
제25일	**막달라**-주만 바라보게 하신 자리 / 116
제26일	**다볼산**-십자가를 향하여 출발하는 자리 / 120
제27일	**유대지경1**-어린아이를 축복하신 자리 / 124
제28일	**유대지경2**-실천을 말씀하신 자리 / 128
제29일	**유대지경3**-빛으로 오신 자리 / 132
제30일	**베데스다**-인간을 사랑하신 자리 / 136

The Path He Went as the Truth and the Light

Day 21 Temple of Jerusalem - The Place Where He Gave the Water of Life / 100
Day 22 A Tranquil Place - The Place Where He Met with God / 104
Day 23 Other Village - The Place Where the News of God's Kingdom Was Spread Around / 108
Day 24 Sea of Galilee - The Place Where He Established Order / 112
Day 25 Magdalene - The Place Where We Only Look at Christ / 116
Day 26 Mount Tabor - The Place to Start for the Cross / 120
Day 27 Judean Boundary 1 - The Place Where He Blessed the Children / 124
Day 28 Judean Boundary 2 - The Place Where He Told Us to Take an Action / 128
Day 29 Judean Boundary 3 - The Place Where He Came as Light / 132
Day 30 Bethesda - The Place Where Human Was Loved / 136

참 메시아가 되신 길

제31일	**예루살렘으로 가는 길**-눈뜨고 깨닫게 하신 자리 / 142	
제32일	**베다니**-사람을 살리는 자리 / 146	
제33일	**벳바게**-겸손의 왕으로 오시는 자리 / 150	
제34일	**감람산**-질서를 세우신 자리 / 154	
제35일	**예루살렘 입성**-환대와 멸시가 교차하는 자리 / 158	
제36일	**성전**-하나님을 소망하는 모든 이들의 자리 / 162	
제37일	**다락방**-나누고 섬기신 자리 / 166	
제38일	**겟세마네**-십자가를 위해 기도하신 자리 / 170	
제39일	**골고다**-메시아로 아낌없이 내어주신 자리 / 174	
제40일	**빈 무덤**-부활하여 승리하신 자리 / 178	
**	예수님이 걸으신 길과 장소들 / 183	

The Path Where He Became the True Messiah

Day 31	Path to Jerusalem - The Place He Opened Our Eyes and Let Us Realize / 142	
Day 32	Bethany - The Place Where He Saved People / 146	
Day 33	Bethphage - The Place Where He Comes as the King of Humbleness / 150	
Day 34	Mount of Olives - The Place Where He Established Order / 154	
Day 35	Entering the City of Jerusalem - The Place Where Welcome And Despise Crosses / 158	
Day 36	The Temple - The Place of All Those Who Desire God / 162	
Day 37	Room of the Last Supper - The Place Where He Served and Shared / 166	
Day 38	Gethsemane - The Place Where He Prayed for the Cross / 170	
Day 39	Golgotha - The Place Where He Gave Generously as the Messiah / 174	
Day 40	Empty Grave - The Place Where He Was Resurrected and Victorious / 178	
**	The Path and places Jesus walked / 183	

Contents 09

Recommendation Letter

작지만 큰 나라
작지만 큰 책

small but big country. small but big book.

"있는 것은 오직 목표뿐이고 거기로 가는 길은 없다. 우리가 길이라고 부르는 것은 망설임에 불과하다." 실존주의 문학가 카프카(Franz Kafka, 1883~1924)의 말이다. 홍수가 나면 정작 마실 물이 귀하듯이, 절대 진리가 부정되고 상대화 되고 마는 포스트모던 풍조 속에서 사람들은 역설적으로 더욱 진리에 목말라하고 있다.

이러한 절박한 시기에 은혜로운 사순절을 위한 말씀묵상집이 우리 시대 최고의 이스라엘 전문가 중 한 분인 김진산 박사와 그의 신실한 동료, 강신덕 목사에 의해 쓰인 것이 너무 감사하다. 게다가 한국어 독자들을 지나 영어권 독자들의 손에까지 들려지게 된 것을 기쁘게

Existentialist writer Kafka(1883-1924) once said, "There is destination but no way there; what we refer to as way is hesitation". Just as freshwater becomes scarce in the time of a flood, during the current postmodern trend, where truth is denied and relativized, more than ever, people are yearning for truth.

At such a critical time, I am so grateful that Dr. Jinsan Kim, one of the leading experts of Israel, and Rev. Shinduk Kang, Dr. Kim's faithful colleague have written a devotional for the season of Lent. I am also pleased to hear that this book has gone beyond just a Korean reading audience, but has gone into hands of English speaking

생각한다.

이 책은 손이 아닌 발로 쓴 책이요, 일반적 정신의 영역인 혼이 아닌 영적 묵상의 산물인 것이 가장 큰 특징이다. 성지 순례를 이미 한 차례 이상 다녀오신 분들에게는 거기서의 감동을 이곳으로 끌어오는 파이프라인(pipeline) 역할을 톡톡히 하게 될 것이다. 아울러 아직 성지 순례를 다녀오지 못한 분들에게는 간접 성지 순례 효과를 선물할 것이다. 그런 의미에서 이스라엘이 '작지만 큰 나라'이듯이, 이 책 또한 '작지만 큰 책'이라 자신 있게 말하고 싶다. 이 책을 우리 교회에서는 새해 사순절 기간 동안 전 교인 특별새벽기도회 교재로 사용할 예정이다. 이 책을 읽는 모든 독자들에게 '길이요 진리요 생명'이신 예수 그리스도의 은혜가 넘치기를 기원한다. 마라나타!

2018 성탄의 계절에
허연행 목사
프라미스교회 담임목사

readers as well. The greatest distinctive of this book is that it is book written by foot rather than by hand, as it is a product of deep spiritual meditation, rather than of just general field of soul knowledge.

For those who have already been to the Holy Land pilgrimage more than once, this will be as a pipeline pulling the inspiration received 'there' to sitz im leben (setting in life) 'here' again. Also to those who have not gone on their personal pilgrimage yet, this book will serve as an indirect pilgrimage experience.

As Israel is a "small but big country," I would confidently posit that this book is also a 'small but big book.'

Promise Church will be using this book as our teaching material for the early morning prayer services during the upcoming season of Lent. I wish all readers of this book to be filled with Jesus Christ, "the Way, the Truth, and the Life." Maranatha!

In the 2018 Christmas Season
Rev. Ben Yeonhaeng Hur,
Senior Pastor of Promise Church

> Orientation

예수님을 만나고 경험하는 40일의 영적순례

40-Day Spiritual Pilgrimage to Meet and Experience Jesus

예수님께서는 인간의 몸을 입고 이 땅에 오셔서 인간의 삶을 사셨습니다. 예수님께서는 인간의 몸으로 살아가시며 당신에게 주어진 구원 사명을 완수하기 위해 예루살렘 영문 밖 십자가를 향하여 한걸음 한걸음 나아가셨습니다. 예수님께서는 그 모든 길에서 만난 영혼들을 불쌍히 여기시고 그들을 치유하시고 그들을 먹이시며 그들의 고단한 삶을 동행하셨습니다. 그리고 그들에게 하나님의 복된 소식, 예수님 자신을 통하여 실현되는 하나님 나라의 복된 소식을 전하셨

Jesus lived a human life coming to this earth with the body of a man. Living in the body of a human, He strived one step at a time toward completing the mission of salvation at the cross outside Jerusalem gates. Jesus took mercy on the souls He met on the paths; so He cured them, fed them, and accompanied them in their weary lives. And He spread the blessed news of God, of the Kingdom of God fulfilled through Jesus Himself.

습니다.

예수님의 길은 어떤 학교의 경전을 들고선 랍비(rabbi)나 히말라야 동굴 속 구루(Guru)의 길이 아닙니다. 예수님의 길은 인간 역사의 어떤 특정한 장소를 찾으시고 그곳 사람들과 만나시고 그들을 진리와 생명 으로 인도하신 길이었습니다. 예수님은 참으로 길 위의 예수님이셨습니다. 우리는 성경 여러곳에서 길 위의 예수님과 길 위에서 예수님을 만난 사람들의 이야기를 듣고 보게 됩니다.

예수님은 어느 곳에 정주하지 않으셨습니다. 예수님은 십자가 구원 을 실현하는 여정을 꾸준히 가셨습니다. 참 예수님을 경험하려면 그래서 길 위에 계신 예수님을 만나야 하는 것입니다. 어느 특정한 곳, 우리가 원하는 곳에 서서는 예수님을 만날 수 없습니다. 사무엘 베케트의 「고도를 기다리며」에서 '고도'가 끝내 나타나지 않는 것처럼, 우리의 정주하여 선 자리에서는 결코 예수님을 만날 수 없습니다. 우리가 예수님을 만날 수 있는 곳은 십자가를 향한 길위에서 입니다.

이 순례 묵상집을 읽으시는 분들에게 '정주하지 말고 길을 걸을 것' 을 요청합

The path Jesus took was not a path of a rabbi with the Scriptures in a school, nor a path of a guru in a Himalayan cave. The path of Jesus was a path that found specific places in human history, and led the people there to the Truth and Life. Jesus was truly the Messiah on the path. In many places of the Bible, we constantly see and hear stories of Jesus on the path, and people who met Jesus on that path.

Jesus never settled on a specific place. Jesus continued on the journey that fulfilled the salvation of the cross. That is why one must meet Jesus on the path to truly experience Jesus. We cannot meet Jesus in a specific location, standing in a place that we want. How Godot from the play "Waiting for Godot" did not show at the end, we cannot meet Jesus in a place where we settled. The place where we can meet Jesus is on the path toward the cross.

To all the readers of the pilgrimage meditation collection, I ask that you "do not settle and walk the path." I re-

니다. 예수님이 잡으신 십자가 방향으로 길을 갈 것을 요청합 니다. 이 책은 그래서 베들레헴으로부터 골고다와 무덤으로 이어진 예수님의 길과 그 길목의 특정한 장소들 그리고 그곳에서 예수님이 하신 일들을 집중합니다. 그렇게 예수님께서 가시고 서셨던 길과 자리 하나 하나를 기도하며 따르다 보면, 묵상하는 순례자는 어느 순간 예수님의 사명이 완수된 자리, 십자가 앞에 서게 되는 것입니다.

그리스도인의 인생길, 하나님을 신앙하며 살아가는 인생길은 예수님과 더불어 십자가를 향하여 순례하는 길 입니다. 아직 그 길을 가보지 않으셨다면, 이 묵상집과 더불어 길을 나서기를 바랍니다.

홍대 토비아에서
김진산 강신덕

quest that you go to the path Jesus had set toward the cross. Because of that, the book focuses on Jesus's path from Bethlehem to Golgotha and the tomb, and specific places and the works Jesus did along the path. And as you follow each path and places that Jesus went and stood, you will arrive in front of the cross, where Jesus's mission was fulfilled.

The journey of a Christian's life, the life road of faith in God is a pilgrimage path toward the cross with Jesus. If you have not yet been to that path, I hope you will set journey with this meditation book.

At Hongik University TOBIA,
Jinsan Kim, Shinduk Kang

메시아로 오신 길

제1일	베들레헴-부르심 받은 자리
제2일	애굽-하나님이 예비하신 피난처
제3일	요단강-구원의 길을 여신 자리
제4일	광야-하나님의 뜻을 확신하는 자리
제5일	가나-변화의 자리
제6일	나사렛-새로운 사역이 움튼 자리
제7일	가버나움-위로가 시작된 자리
제8일	베드로의 집-은혜를 나누는 자리
제9일	회당-모세의 마음을 회복한 자리
제10일	갈릴리 호숫가-제자를 부르신 자리

The Path He Came as the Messiah

Day 1	Bethlehem - The Place Where He Was Called
Day 2	Egypt - The God-Prepared Place of Refuge
Day 3	Jordan River - The Place Where the Path of Salvation Was Opened
Day 4	Wilderness - The Place to Confirm God's Will
Day 5	Canaan - The Place of Change
Day 6	Nazareth - The Place Where a New Ministry Sprouted
Day 7	Capernaum - The Place Where Consolation Began
Day 8	Peter's Home - The Place to Share Grace
Day 9	Synagogue - The Place Where the People's Hearts Were Restored to One of Moses
Day 10	Galilee Lakeside - The Place Where the Disciple is Called

예수의 길 묵상 1
Path of Jesus Meditation 1

베들레헴
Bethlehem

부름 받으신 자리
누가복음 2장 1-7절

The Place Where He Was Called
Luke 2:1-7

01 예루살렘에서 남쪽으로 약 10킬로미터 떨어진 곳에 작은 도시 베들레헴이 있습니다. 유다 산지와 유다광야의 경계에 있던 베들레헴은 농업과 목축업이 모두 가능했으며 지리적으로 사해의 무역의 중심지였던 엔게디와 연결되는 곳이었기 때문에 제법 사람들이 오갔습니다. 그렇다고 베들레헴이 눈에 띄는 도시는 아니었습니다. 베들레헴은 오래전 다윗 왕의 가문이 살던 곳이었습니다. 다윗의 할아버지

01 At a place about 10 kilometers south of Jerusalem exists the small city of Bethlehem. Placed between the border of the Judean hills and desert, Bethlehem was able to fulfill both agricultural and stock-farming industry. Many people came and went through Bethlehem since the town was geographically connected to "En Gedi", the trade center of the Dead Sea. However, Bethlehem was not a city that stood out. Long ago, Bethlehem was a place where line of King David lived.

보아스는 이곳에서 룻을 아내로 맞이했습니다. 이새의 아들 다윗 역시 처음 이곳에서 사무엘에게 왕으로 기름부음을 받았습니다. 그렇게 베들레헴은 이름을 얻었습니다. 그러나 그것도 잠시, 도시는 얼마 지나지 않아 누구도 관심 갖지 않는 작은 마을로 다시 돌아갔습니다. 구약의 예언자들은 작은 마을 베들레헴이 하나님의 사람, 메시아가 탄생하면서 다시 한 번 세간의 관심을 얻게 될 것이라고 예언했습니다. 미가는 이렇게 말합니다. "베들레헴 에브라다야 너는 유다 족속 중에 작을지라도 이스라엘을 다스릴 자가 네게서 내게로 나올 것이라 그의 근본은 상고에, 영원에 있느니라"(미 5:2). 실제로 구원자이신 예수님은 이곳 베들레헴에서 탄생하셨습니다.

02 예수님은 다윗의 고향 베들레헴에서 인간으로서 첫 삶을 시작하셨습니다. 그러나 예수님께서 처음 얻은 자리는 동물들이 밤에 쉬는 외양간이었습니다. 그나마 동물들의 먹이를 위해 사용하던 돌구유가 예수님의 첫 자리였습니다.

Boaz, David's grandfather, took Ruth as his wife here. Jesse's son, David, was also anointed with oil by Samuel in this town to be called as a king. Thus, Bethlehem had earned its name. But it was only a moment before the city returned to its small stature. Prophets of the Old Testament prophesied that the little town of Bethlehem will earn the center of attraction once again when the Man of God, the Messiah, is born. Micah says this: "But you, Bethlehem Ephrathah, though you are small among the clans of Judah, out of you will come for me one who will be ruler over Israel, whose origins are from of old, from ancient times" (Micah 5:2). Jesus, who is the Savior, was actually born here in Bethlehem.

02 Jesus started His first life as a human in David's hometown Bethlehem. However, the first place Jesus earned was the stable where animals rested at night. And even then, Jesus's first place was the stone manger that was used to feed the animals. Jesus who came as a baby to save the world could not find a place to stay anywhere in Bethlehem. To

"베들레헴 에브라다야
너는 유다 족속 중에 작을지라도
이스라엘을 다스릴 자가 네게서
내게로 나올 것이라 그의 근본은 상고에,
영원에 있느니라"

미가 5장 2절

세상을 구원하기 위해 아기로 오신 예수님은 베들레헴 어디에서도 있을 곳을 찾지 못하셨습니다. 다윗의 의로운 통치를 잇기 위해, 메시아로서 위대한 사명을 지닌 채 이 땅에 오신 예수님은 누울 자리 하나 없이 보잘 것 없는 세상 한켠에서 거룩한 생을 시작하셨습니다.

03 그리스도인이 부름받은 자리는 크고 화려하며 누가 보아도 감탄할 만한 자리가 아닐지도 모릅니다. 그리스도인이 소명을 받아 헌신하는 삶은 세상이 주목하지 않지만 반드시 필요한 자리, 세상이 우러르지 않지만 없어서는 안 되는 자리에서 시작됩니다.

continue David's rightful rule, Jesus, who came to earth bearing the grand duty of Messiah, started His life in an insignificant corner of the world, without a place to lay down.

03 The place where Christians are called to be may not be the big, magnificent place that everyone looks up in admiration. The life of Christians who are called to serve starts at a place that is not in spotlight of the world but essential, a place that the world does not look up to, but is indispensable to the world.

베들레헴의 묵상 Meditation of Bethlehem

예수님과 함께 그 길에 서서 나의 어제와 오늘 그리고 내일을 묵상합시다.
Let's stand on the path with Jesus and meditate about our own yesterday, today, and tomorrow.

예수의 길 묵상 2
Path of Jesus Meditation 2

애굽
Egypt

하나님이 예비하신 피난처
마태복음 2장 13-15절

The God-Prepared Place of Refuge
Matthew 2: 13-15

01 애굽은 성경이 말하는 하나님 구원이 발생했던 중요한 장소입니다. 세계 역사는 나일강을 중심으로 오래전부터 번성하던 이 나라를 문명의 발상지로 귀하게 여기지만, 하나님 백성에게 이곳은 구원이 어떻게 구체적으로 실현되었는지를 알게 하는 학습 장소입니다. 하나님께서는 오래전 요셉을 통하여 당신의 백성들을 가나안의 어려운 삶으로부터 구원하셨습니다. 하나님께서는 야곱과 그 가족들을 애

01 Egypt is an important place where God's salvation occurred as the Bible records. The Nile-centered country that prospered since long ago is valued in the world history as birthplace of ancient civilization, however for God's people, this place was a learning environment where the salvation was fulfilled in detail. Long ago, God saved His people from the difficult life of Canaan through Joseph. God led Jacob and his family to the land of Goshen in Egypt and allowed them to

굽 고센 땅으로 인도하신 후 그곳에서 크게 번성하게 하셨습니다. 그리고 애굽이 하나님의 백성들을 고통 가운데 어렵게 하자, 다시 그들을 가나안으로 돌아오도록 하셨습니다. 하나님의 백성들은 이 땅 애굽에서 번성했고 하나님의 백성으로서 면모를 갖추게 되었습니다. 야곱의 열두 아들은 애굽을 떠날 때 열두 지파가 되었으며, 70명 정도이던 숫자는 60만 명으로 크게 불어나 있었습니다. 하나님의 백성은 큰 민족이 되었고 세상 가운데서 하나님의 뜻을 실현할 만큼의 외적인 규모를 갖추었습니다. 한 마디로 애굽은 하나님의 백성들에게 피난처와 같은 곳이었으며, 동시에 하나님의 참 구원을 위하여 떠나야 하는 곳이기도 했습니다.

02 이제 막 세상에 오신 예수님께서도 역시 유대의 왕 헤롯에게 어려움을 겪으셨습니다. 자신이 다스리는 나라에 왕으로 오신 예수님을 헤롯은 용납할 수 없었던 것입니다. 결국 예수님은 야곱과 그 일가가 그랬던 것처럼 애굽으로 피신했습니다. 그리고 유대 땅이 살

multiply there. And when Egypt made life of God's people difficult in midst of pain, He had them return to Canaan. People of God multiplied in the land of Egypt and fulfill the aspects of being His people. Jacob's twelve sons became the twelve tribes of Israel when it was time to leave Egypt and their number of seventy people increased to sixty thousand. God's people became a big nation and had the external size to fulfill God's purpose. In short, Egypt was a place of refuge for God's people and at the same time, a place left behind for God's true salvation.

02 Jesus who just came to the world also experienced difficulty from Herod, the King of Judea. Herod could not accept Jesus coming as the king of the country that he ruled over. In the end, Jesus took refuge in Egypt just as Jacob and his family did. And He grew up there until land of Judea became a livable place. Jesus's childhood as Messiah, the God's Son, had a stable period of growth in Egypt as Jacob's Israel had.

03 God provides the place of refuge for His people (Psalms 55:8). Places

만한 곳이 될 때까지 그곳에서 성장하셨습니다. 하나님의 아들 메시아로서 예수님의 유년기는 그렇게 애굽에서 야곱의 이스라엘처럼 안정적인 성장기를 가지셨습니다.

03 하나님은 당신의 백성들을 위하여 피난처를 제공하십니다(시 55:8). 하나님 백성들의 삶에는 언제나 피난처가 예비되어 있습니다. 하나님께서 예비하신 곳은 단순한 피난처의 역할을 넘어서기도 합니다. 그곳은 피난처인 동시에 성장의 기반이 되기도 합니다. 오늘의 삶과 사역의 어려움으로 그리스도인이 물러서 숨은 곳은 내일을 위한 성장과 부흥의 기반일 수 있습니다. 오늘 물러선 곳에서 그리스도인은 오히려 하나님의 내일을 향한 귀한 뜻을 발견할 줄 알아야 합니다.

of refuge are always prepared in the lives of God's people. Places that God prepares may go beyond a simple haven of rest; it also becomes the foundation of growth. The places Christians hide from today's life and hardship in ministry may be the foundation for tomorrow's growth and revival. In the place they retreated from today, Christians must know to discover God's valuable purpose toward tomorrow.

애굽의 묵상 Meditation of Egypt

예수님과 함께 그 길에 서서 나의 어제와 오늘 그리고 내일을 묵상합시다.
Let's stand on the path with Jesus and meditate about our own yesterday, today, and tomorrow.

예수의 길 묵상 3
Path of Jesus Meditation 3

요단강
Jordan River

구원의 길을 여신 자리

마가복음 1: 3절-11절

The Place Where the Path of Salvation Was Opened

Mark 1:3-11

01 요단강은 팔레스타인 북쪽 헐몬 산에서 발원하여 갈릴리를 거쳐 사해로 흘러 들어가는 가나안 땅의 젖줄입니다. 요단강은 '위에서부터 흘러내리는 물'이라는 의미를 갖습니다(수 3:16). 아브라함과 야곱은 이 강을 건너 가나안으로 들어갔으며, 여호수아는 이 강의 물길을 멈추고 제사장과 법궤를 앞세워 온 이스라엘과 함께 강을 건넜습니다(수 3:1~17). 다윗은 아들 압살롬을 피해 이 강을 건너갔다가 다시 건

01 Jordan river is the lifeline of Canaan that originates from Mount Hermon in the north and flows to the Dead Sea. Jordan river has the meaning "water flowing from above" (Joshua 3:16). Abraham and Jacob went into Canaan by crossing the river, and Joshua stopped the flow of the river and crossed it with all of Israel with the priest and the ark in front (Joshua 3:1-17). To escape his son, Absalom, David crossed this river and came back (2 Samuel 17:2-14). Naaman of Aram

너 돌아오기도 했습니다(삼하 17:2~14). 아람의 나아만은 엘리사의 말을 듣고 요단강에 일곱 번 몸을 씻어 병이 나았습니다(왕하 5:1~14). 일단 요단강은 가나안의 동쪽 경계를 이루는 곳입니다(민 34:12). 하나님의 백성에게 요단강은 몸을 강물에 담그고 가나안으로 건너는 의미가 중요합니다. 그래서 세례요한은 이곳에 이스라엘 백성들을 불러내어 몸을 담그는 세례를 베풀었습니다(마 3:6). 요단강은 이스라엘이 가나안이나 시온에서의 삶을 시작했던 장소입니다. 이후에도 요단강은 하나님의 백성이 새 삶을 시작하는 곳이며 이전과 이후가 다른 영적 삶의 분기점입니다.

02 예수님께서는 공생애를 시작하시면서 요한이 사역하는 요단강에 와 세례를 받으셨습니다. 예수님께서는 당신의 메시아 사역으로 펼쳐지는 새로운 하나님 나라 백성의 삶을 이곳 요단강에서 몸소 세례를 받으심으로 시작하셨습니다. 요단강에서 하나님 나라의 새로운 시대를 여신 것입니다. 그래서

heard Elisa's words and was cured of sickness after washing in the Jordan river seven times (2 Kings 5:1-14). First, Jordan river is the eastern border of Canaan (Numbers 34:12). To God's people, the meaning of crossing the Jordan River with the body submerged in the water is important. Thus, John the Baptist provided body-submerging baptism, calling out the Israelites to the river (Mark 3:6). Jordan river is the place where Israel started their life in Canaan or Zion. Even later, Jordan river is the place where God's people began a new life and a spiritual life turning point where the before and after is different.

02 As Jesus started his public career, He came to Jordan river where John carried out his ministry and received baptism. Jesus started the life as God's people in the new kingdom being revealed through the ministry of the Messiah by being baptized Himself. He had opened a new age for the Kingdom of God from the Jordan River. Thus, all followers of Jesus start their new life as people of God's Kingdom by following the baptism Jesus

예수님을 따르는 사람들은 모두 예수님께서 물로 세례를 받으신 그 길을 따라 하나님 나라 백성으로서 새로운 삶을 시작하게 됩니다.

03 그리스도인에게는 구원받은 하나님의 백성으로서, 예수 그리스도의 십자가 제자로서 새 삶을 시작하는 자리가 있습니다. 기도하는 가운데, 말씀을 묵상하는 가운데 진리와 생명으로 오시는 예수님을 깊이 체험하는 자리입니다. 그 예수님을 믿는 믿음 가운데 세례를 받는 자리입니다. 믿음의 능력으로 살기를 결단하는 이에게 임하시는 성령을 체험하는 자리입니다. 그리스도인은 하나님께서 허락하시는 이 시작점을 귀하게 여겨야 합니다. 그리고 그 자리로부터 신실하게 주를 따르는 삶을 일구어야 합니다.

had received.

03 For Christians who are saved as people of God, there is a place of starting a new life as the apostle of Jesus Christ's cross. It is the place to deeply experience Jesus who comes in life and truth in midst of prayer and meditation on the Word. It is a place where people are baptized in the faith for Jesus. It is a place to experience the presence of the Holy Spirit in those deciding to live in the power of faith. Christians need to value the starting point that God allows. And from that place, they need to cultivate a life that follows Christ faithfully.

요단강의 묵상 Meditation of the Jordan River

예수님과 함께 그 길에 서서 나의 어제와 오늘 그리고 내일을 묵상합시다.
Let's stand on the path with Jesus and meditate about our own yesterday, today, and tomorrow.

예수의 길 묵상 4
Path of Jesus Meditation 4

광야
Wilderness

하나님의 뜻을 확신하는 자리
마태복음 4장 1-11절
Thr Place to Confirm God's Will
Matthew 4:1-11

01 광야(wilderness)는 사람이 살 수 없는 불모지이며 버려진 땅입니다. 이스라엘은 주로 동남쪽에 이런 광야가 펼쳐져 있습니다. 유다광야와 네게브광야가 바로 이런 곳들입니다. 광야는 이곳저곳을 배회하며 목축업을 할 수는 있어도 한 곳에 정주하여 영구적으로 살 수는 없습니다. 그래서 성경은 광야를 불모의 대지라고도 하고(민 20:5), 쓸쓸하고 적막한 곳으로도 이야기합니다(렘 2:6). 하나님께서는 아브

01 Wilderness (as appears in the Bible) is a land that is inhabitable by humans and is considered wasteland. Israel has these wilderness stretching in the southeast. Wilderness of Judah and Negev are such places. In the wilderness, one can wander from place to place raising stocks, however, one cannot settle and live in one place permanently. Thus, the Bible describes the wilderness as the barren field (Numbers 20:5), or lonely and desolate place (Jeremiah 2:6). God brought tribe

라함을 비롯한 족장들을 광야로 데리고 가셔서 그곳에서 하나님에 대해 깊은 체험할 수 있도록 하셨습니다. 또 모세나 다윗같은 지도자들을 광야로 데리고 가셔서 그곳에서 훈련시키신 뒤, 당신의 백성들을 바른 길로 인도하는 사명을 주셨습니다. 이스라엘 백성들 역시 이곳에서 크게 연단받고 하나님에 대한 신앙으로 굳건하게 무장하여 가나안에 입경했습니다. 엘리야는 하나님의 인도로 40일 주야를 걸어 광야 한복판 하나님의 거룩한 호렙산에 이르러, 그곳에서 선지자로서 새로운 사명을 받기도 했습니다. 광야는 한편으로 적막하여 외롭고 맹수와 도적들이 출몰하여 위험한 곳이기도 합니다. 그러나 다른 한편으로 광야는 하나님의 계획과 뜻, 방법을 배우고 알게 되는 자리이기도 합니다.

02 예수님께서는 메시아로서 사역을 시작하시기에 앞서 광야로 나아가셨습니다. 마가복음은 성령님이 예수님을 광야로 "몰아내셨다"고도 합니다(마 1:12). 그만큼 광야는 예수님께서 사역을 준비

leaders like Abraham to the wilderness and allowed them to deeply experience God. He also brought leaders like Moses or David to the wilderness, and after training them there, gave them the calling to lead the people to the righteous path. The Israelites were also greatly refined here and entered the land of Canaan, firmly armed with the faith for God. There was also the time when Elijah received a new calling as a prophet on the holy Horeb Mountain of God after forty days of walking in the desert led by Him. The wilderness, on one hand, is a dangerous place that frequents with beasts and thieves. However on the other hand, it was a place to learn and know God's plan, purpose and methods.

02 Before beginning ministry as the Messiah, Jesus went into the wilderness. The book of Mark also describes this as the Holy Spirit "[sending] him out into the wilderness" (Mark 1:12). To that extent, the wilderness was an important place for Jesus in preparing for ministry. Jesus prayed in the wilderness for a long time. There, He shared intentions about the path He needed to go with God's

하는 과정에 중요한 장소였습니다. 예수님은 광야에서 오랜 시간 기도하셨습니다. 예수님은 그곳에서 당신이 가야할 길에 대하여 하나님과 뜻을 같이 하고 하나님의 뜻에 집중하셨습니다. 그리고 사탄의 시험을 이기시며 하나님께서 세상을 구원하기 위해 뜻하신 바를 확신하셨습니다. 예수님께 광야는 하나님의 뜻을 확신하는 자리였습니다.

03 하나님께서 부르셔서 사명을 주셨다면 다음으로 나아가야 할 장소는 기도할 수 있는 고요한 광야입니다. 우리는 사명을 수행하기에 앞서 광야로 나아가야 합니다. 광야는 부르신 사명을 묵상하고 더욱 예리하게 하는 장소입니다. 광야는 하나님의 우리 각자를 향한 뜻과 한 마음을 품으며, 그것을 굳건히 확신하기에 의미깊은 장소입니다.

will, and focused on it. And while defeating Satan's temptations, he gained conviction from God to save the world. To Jesus, the wilderness was a place to confirm God's will.

03 If God had called you and gave you a calling, then the next place to go is the calm wilderness to pray. Before acting on the calling, we must approach the wilderness. The wilderness is the place to sharpen and meditate on the calling. The wilderness is a meaningful place that solidifies the conviction and embraces the hearts and God-given purposes for each of us.

 광야의 묵상 Meditation of the Wilderness

예수님과 함께 그 길에 서서 나의 어제와 오늘 그리고 내일을 묵상합시다.
Let's stand on the path with Jesus and meditate about our own yesterday, today, and tomorrow.

예수의 길 묵상 5
Path of Jesus Meditation 5

가나
Cana

변화의 자리
요한복음 2장 1-11절

The Place of Change
John 2:1-11

01 가나는 갈릴리 호수에서 서쪽으로 약 30킬로미터 정도 떨어진 곳에 위치해 있습니다. 가나는 나사렛과 같이 갈릴리 주변에 흩어져 있던 유대인들의 작은 마을이었습니다. 가나는 그래도 지중해 쪽 해안 도시들과 갈릴리 호수의 티베리아스 사이를 왕래하는 상인들이 자주 들르던 곳이었습니다. 그래서 나사렛에 비해 사람들이 북적거리고 다양한 물산 거래가 이루어지기도 한 곳이었습니다. 나사렛에서 갈

01 Cana is located about 30 kilometers away west of the Lake Galilee. Like Nazareth, Cana was a small town for the Jewish people scattered around Galilee. Nevertheless, Cana was a place where merchants who traveled between the coastal cities near the Mediterranean Sea and Tiberias of Lake Galilee frequently visited. So the place was crowded and had more trading activities with diverse products compared to Nazareth. There are two paths from Nazareth to Lake Galilee; one

릴리 호수 쪽으로 가는 길은 두 개가 있는데 그 중 하나가 바로 가나를 통과하는 길이었습니다. 이 길은 비교적 다니기 편한 길이었습니다. 무엇보다 이 길은 당대 갈릴리의 중요한 도시였던 티베리아스와 직접 연결되기 때문에 사람들이 많이 이용하던 길이었습니다. 예수님 역시 나사렛에서 가나를 지나 갈릴리 호수로 이어지는 이 길을 자주 다니셨던 모양입니다. 자주 다니시던 길이어서인지, 이 길 위에 있는 마을 가나에서 예수님은 많은 일들을 치르셨습니다. 예수님은 이곳에서 왕의 신하를 고치기도 하셨습니다(요 4:48). 또 바돌로매라고도 하는 나다나엘이 무화과나무 아래 있는 것을 보시고 그의 의로움을 예의주시하셨습니다(요 1:48, 21:2). 그렇게 익숙하고 친근한 길 한켠 가나에서 예수님은 변화에 관한 중요하고 새로운 경험을 일으키셨습니다.

02 예수님께서는 가나에서 물을 포도주로 바꾸셨습니다. 예수님이 바꾸신 물은 유대인들의 회당 정결예식에 필요한 물이었습

of the paths was through Cana. This path was comparatively an easier path to travel. Above all, the path was frequently used because it connected directly to Tiberias, which was an important city to Galilee at the time. Jesus also appears to have used this path stretching from Nazareth, past Cana, into the Galilee Lake. Perhaps because He frequently used the road, Jesus performed many works in Cana which rests on the path. Here, Jesus healed the king's servant. Also He saw Nathaniel also called Bartholomew under the fig tree and paid sharp attention to his righteousness (John 1:48, 21:2). On the side of the accustomed and familiar path, Jesus created a new and important experience about change in Cana.

02 Jesus turned water into wine in Cana. The water Jesus transformed was needed in the cleaning ritual in the Jewish synagogue. He had announced through the miracle that one can be part of God's people through blood of Jesus, and not through the holy water of Judaism. Water turning into wine is a completely different kind of transition than increasing

니다. 이제는 유대교의 정결한 물이 아니라 당신의 피로 하나님의 백성이 될 수 있음을 선포하신 것입니다. 물이 포도주로 바뀌는 일은 물이나 포도주의 양이 늘고 줄어드는 양적인 변화와는 완전히 다른 종류의 변화입니다. 물이 포도주로 바뀌는 일은 그 질이 근본적으로 변화하는 기적입니다. 예수님은 가나에서 이 세상을, 그리고 이 세상의 사람들을 근본부터 변화시키는 놀라운 일을 시작하신 것입니다.

03 예수님은 가나의 혼인잔치에 예수님과 더불어 참여한 모든 그리스도인들에게 근본적인 변화의 가능성을 보여주셨습니다. 예수님께서는 우리에게 근본적인 변화를 일으키는 사역을 요청하십니다. 양적인 변화를 말하는 것이 아닙니다. 그리스도인은 근본이 변화한 사람이며 세상을 근본으로부터 변화시킬 사람들입니다.

or decreasing the quantity of wine. Turning water into wine is a miracle that changes the quality of the liquid fundamentally. In Cana, Jesus started the astonishing work of changing the people of the world from their basis.

03 In the Marriage at Cana, Jesus showed the possibility of a fundamental change in every Christians who were also at the wedding with Him. Jesus requests from us a ministry that will cause a radical and fundamental change. This does not mean a quantitative change. Christians are people who are changed in their fundamentals, and who will change the world from its basis.

가나의 묵상 Meditation at Cana

예수님과 함께 그 길에 서서 나의 어제와 오늘 그리고 내일을 묵상합시다.
Let's stand on the path with Jesus and meditate about our own yesterday, today, and tomorrow.

예수의 길 묵상 6
Path of Jesus Meditation 6

나사렛
Nazareth

새로운 사역이 움튼 자리
누가복음 4장 16-30절
The Place Where a New Ministry Sprouted
Luke 4:16-30

01 갈릴리 호수에서 남서쪽 이스르엘 평원 방향으로 20킬로미터 정도 떨어진 곳 야트막한 구릉 산지 위에 작은 동네 나사렛이 있습니다. 나사렛은 너무나 작은 곳이어서인지 이름도 생소해서 구약시대에는 어느 때에도 등장하지 않는 작은 마을이었습니다. 알려지기로는 구약시대 내내 이곳에는 사람 살지 않았을 것이라 합니다. 겨우 사람들이 모여들고 살기 시작한 것은 헬라시대 말, 로마가 세력을 확장하

01 Nazareth sits on the top of a rather low mountainous hill, 20 kilometers southwest of Lake Galilee toward Jezreel Valley. Because Nazareth was such a small place, the name Nazareth is unfamiliar and did not appear in any of the Old Testament. It is known that through the Old Testament, people may have not lived in this region. People have barely started to gather closer to the end of the Greek Era, when Roman powers expanded and empowered over the region past the mid

여 이 지역을 장악했던 주전 2세기 중반 이후입니다. 그렇다 해도 마을은 여전히 알려진 바가 없어서, 예수님 시절 이곳은 많아야 백여 명 가량의 사람들이 어렵게 살았을 것입니다. 그런데 이렇게 작고 보잘 것 없는 마을에도 예수님에 관한 선지자의 이야기를 찾을 수 있습니다. 구약시대 이사야는 이런 말을 했습니다. "이새의 줄기에서 한 싹이 나며 그 뿌리에서 한 가지가 나서 결실할 것이요"(사 11:1). '메시아가 나사렛 출신이리라'는 예언이었습니다. 가지라는 말이 '네쩨르(Netzer)'인데 나사렛(Nazareth)과 같은 의미를 갖습니다. 예수님은 결국 이사야 예언자의 실현으로서 나사렛에서 성장하셨습니다.

02 갈릴리 해변에서 사역하시던 중 나사렛으로 가신 예수님은 안식일에 회당을 찾으셨습니다. 그곳에서 예수님은 하나님의 온 세상 자유와 해방, 구원을 이야기하는 이사야서를 읽으셨습니다. 그리고 그 말씀이 오늘 예수님 자신을 통해 이루어졌다고 선언하셨습니

2nd century B.C. Even then, there is nothing known about the town that during the time of Jesus, as many as a hundred people would have lived in difficulty. But even in this small and humble town, prophetic stories about Jesus can be found. Isaiah from the Old Testament said "A shoot will come up from the stump of Jesse; from his roots a Branch will bear fruit" (Isaiah 11:1). It was the prophecy that "the Messiah will come from Nazareth." Here, the word for branch is 'Netzer,' and it takes the same meaning as Nazareth. As fulfillment of prophet Isaiah, Jesus grew up in Nazareth.

02 While ministering at the Galilee beaches, Jesus who went to Nazareth visited the synagogue on the Sabbath Day. There, Jesus read the book of Isaiah that talks of the freedom, liberation and salvation of God for all the world. And He proclaimed that the Scripture was fulfilled today through Jesus himself. People in the synagogue were outraged. And they tried to harm Jesus. But at then, Jesus firmly passed through the middle of them (Luke 4:30). Like the prophecy from the Old Testament, It was the moment when

다. 회당 안에 있던 사람들은 크게 화를 냈습니다. 그리고 예수님을 해하려 했습니다. 그 때 예수님께서는 꿋꿋하게 그들 한 가운데를 지나가셨습니다(눅 4:30). 새것을 기대하기 어려웠던 나무, 죽은 것 같은 나사렛이라는 나뭇가지에서 구약의 예언과 같은 메시아의 새 가지가 움트는 순간입니다.

the new branch of the Messiah started to sprout from the lifeless branch of Nazareth, from the tree which seemed unable to bear new things.

나사렛의 묵상 Meditation in Nazareth

예수님과 함께 그 길에 서서 나의 어제와 오늘 그리고 내일을 묵상합시다.
Let's stand on the path with Jesus and meditate about our own yesterday, today, and tomorrow.

예수의 길 묵상 7
Path of Jesus Meditation 7

가버나움
Capernaum

위로가 시작된 자리
마태복음 4장 13-17절

The Place Where Consolation Began
Matthew 4:13-17

01 가버나움(Capernaum)은 말 그대로 '나훔의 마을'이라는 의미를 갖고 있습니다. 그렇다고 나훔 선지자가 이곳에서 살았거나 활동을 하지는 않았습니다. 오히려 나훔 선지자의 이름대로 '위로의 마을'이라고 생각하는 것이 훨씬 어울립니다. 가버나움은 나훔시대나 혹은 대부분 구약 시대에는 존재하지 않았던 마을이었습니다. 가버나움은 주전 2세기 경, 그러니까 마카비 독립운동이 있고 얼마 후 생겨난 마을입니다. 마을의 위치는

01 Capernaum, as the name itself suggests, has the meaning of "Nahum's town." But prophet Nahum never lived, nor was active in this location. Instead, it is more natural to think of the town as the "town of consolation" as the name of prophet Nahum suggests. Capernaum was not a town that existed during Nahum's time nor most of the Old Testament. The town was founded in 2nd century B.C., thus shortly after the Maccabean Revolt. The location of the town was great, and

좋았습니다. 농사를 짓기에도, 그리고 갈릴리 호수에 나가 고기를 잡기에도 안성맞춤이었습니다. 얼마 지나지 않아 이 살기 좋은 곳에 사람들이 모여들었습니다. 가버나움은 곧 갈릴리 호수 북쪽에 사는 유대인들에게 중요한 도시가 되었습니다. 규모가 커지자 로마 관리들과 헤롯 왕가도 관심을 갖게 되었습니다. 로마 군인들도, 헤롯의 신하들과 군인들도 이곳에 머물렀습니다. 그리고 점차 상거래가 많아지는 이곳 가버나움에 세관들을 배치했습니다. 마을 사람들의 삶과 생업과 소득에 간섭하기 시작했습니다. 가버나움은 곧 갈릴리 유대인들의 고통스럽고 힘든 삶을 대표하는 곳이 되었습니다. 가버나움의 사람들에게는 그들이 사는 마을의 이름처럼 위로가 필요했습니다.

02 예수님께서는 나사렛을 떠나 이곳 가버나움에 오셨습니다. 그리고 그곳 사람들을 가르치기 시작하셨습니다. 예수님께서는 이곳 가버나움에서 사람들의 처지에 집중하셨습니다. 그들의 삶을 돌아보시고 그 어두운 삶의 자리에 빛을 비추셨습

very suitable for farming, and fishing in the Lake Galilee. Not long after, people gathered at this excellent place to live and soon, Capernaum became an important place for the Jewish living north of Lake Galilee. As the population increased, Roman officials and Herod royal family also took interest. Roman soldiers and courtiers of King Herod stayed in the town. Because of the continuously growing trade, he also placed tax collectors in the town. Herod then started interfering with the townspeople's life, occupation, and income. Capernaum soon became the representation of the difficult and painful life of Jewish people in Galilee. As the name of the town suggested, people of Capernaum needed to be comforted.

02 Jesus left Nazareth and came to this town Capernaum. Then He started to teach the people in Capernaum, Jesus focused on the people's circumstances. Looking at their lives, He illuminated the dark places in their lives. Following the book of Isaiah, Jesus pronounced "Land of Zebulun and land of Naphtali, the Way of the Sea, beyond the

니다. 예수님께서는 이사야서의 말씀을 따라 이렇게 선언하셨습니다. "스불론 땅과 납달리 땅과 요단 강 저편 해변 길과 이방의 갈릴리여 흑암에 앉은 백성이 큰 빛을 보았고 사망의 땅과 그늘에 앉은 자들에게 빛이 비치었도다"(마 4:15-16). 희망 없는 어둠 가운데 있는 가버나움의 사람들에게 예수님은 참 위로자가 되셨습니다.

03 예수님은 어둠 속에서 절망하며 슬퍼하는 영혼에게 다가오십니다. 예수님은 현재의 삶을 아파하고 주어진 상황에 고통스러워하며 하나님의 은혜를 구하는 이들에게 오셔서 그들에게 위로자가 되어주십니다. 오늘 위로를 구하는 기도를 드리고 있다면 귀를 열어야 합니다. 우리 마음의 입구에서 들려오는 낯선 발걸음 소리는 우리를 비탄에 빠뜨리는 군인들의 발걸음 소리가 아니라 우리를 위로하기 위해 오시는 예수님의 발걸음 소리일 것입니다.

Jordan, Galilee of the Gentiles-the people living in darkness have seen a great light; on those living in the land of the shadow of death a light has dawned" (Matthew 4:15-16). To people of Capernaum in midst of hopeless darkness, Jesus became the true comforter.

03 Jesus comes to the souls who are in despair and sadness among darkness. Jesus becomes a comforter and came to those suffering in the given situation, seeking God's grace in midst of pain. If you are praying about comfort today, you must open your ears. The unfamiliar steps at the entrance of our hearts are not the footsteps of soldiers who put us in grief, but are Jesus's footsteps coming to comfort us all.

가버나움의 묵상 Meditation at Capernaum

예수님과 함께 그 길에 서서 나의 어제와 오늘 그리고 내일을 묵상합시다.
Let's stand on the path with Jesus and meditate about our own yesterday, today, and tomorrow.

예수의 길 묵상 8
Path of Jesus Meditation 8

베드로의 집
Peter's Home

은혜를 나누는 자리
마가복음 1장 29-33절
The Place to Share Grace
Mark 1:29-33

01 가버나움의 옛터에 들어서면 특이하게 생긴 집 한 채가 유적으로 남아있습니다. 베드로의 집이라 알려진 곳입니다. 처음 이 집은 주변 다른 집과 비슷한 어부의 집이었습니다. 가버나움의 집들이 다 그런 것처럼 화산암으로 담을 두른 집이었습니다. 그런데 어찌된 일인지 예수님 시대를 넘어서면서 이 집에는 독특한 문양이나 바닥 양식들이 들어서게 되었습니다. 거친 화산암 담에는 회반죽을 발랐고 그 벽

01 Once inside the historic site of Capernaum, there is a historical remain of a house. It is known to be Peter's home. At first, this house was a fisherman's house just like others nearby. Like the other houses in Capernaum, the house was fenced with volcanic rock. But after Jesus's time, unique designs and floor patterns were put into the house. The rough rock fence was plastered with designs put on the wall. Floor was also plastered. Especially in this place, there were traces of

에는 문양을 새겼습니다. 바닥도 회반죽으로 처리를 했습니다. 특이하게도 이곳에는 많은 양의 등불을 사용한 흔적들이 발견되었습니다. 사람들은 이 집이 1세기 전후로 종교적인 회합을 위한 장소가 되었다고 보고 있습니다. 베드로와 갈릴리 출신 제자들은 세상 선교를 위해 떠났지만 그들과 한마음으로 믿음을 가진 이들은 이곳에서 계속 신앙공동체를 이룬 것입니다. 4세기까지 이 집은 개인 집이면서도 회합을 위한 장소로 사용되었습니다. 그리고 5세기 들어 이곳에 정식으로 팔각형 모양의 교회가 세워지게 됩니다. 베드로가 살았을 것으로 여겨지는 이 집은 믿음의 사람들이 모여 예배하고 기도하는 곳이 된 것입니다.

02 가버나움에서 사역을 시작하신 예수님께서는 회당에서 귀신들린 사람을 고치신 후에 베드로의 집으로 가셨습니다. 그리고 그곳에서 베드로의 장모를 고치셨습니다. 소문은 빨리 퍼져나갔습니다. 갈릴리의 사람들은 예수님이 계신 베드로의 집에 모여들었습니다.

a large quantity of lamplight being used. It is reported that people used this house before and after 1st century A.D. for religious gatherings. Although Peter and the other disciples from Galilee left for world missions, those who were one in faith continued to form the Christian community. Until 4th century A.D. this house, albeit a personal home, was used as a place of gathering. And in the 5th century, a pentagon-shaped church was officially built on it. This house, believed to be Peter's home, became a place of worship and prayer for the faithful people to gather.

02 Jesus, starting His ministry in Capernaum, healed a demon-possessed person at the synagogue and headed for Peter's home. There, He healed Peter's mother-in-law. The rumors quickly spread around. Mark describes this scene as "the whole town gathered at the door" (Mark 1:33). With a compassionate and comforting heart, Jesus cured every person who gathered. Peter's home became a place for community of the hurt and in despair coming together to share and experience Jesus's grace.

마가는 이 풍경을 "온 동네가 문 앞에 모였더라"고 묘사했습니다(막 1:32). 예수님은 모여든 한 사람 한 사람을 긍휼과 위로의 마음으로 치유하셨습니다. 베드로의 집은 그렇게 상하고 절망한 이들이 모여 예수님의 은혜를 경험하고 나누는 공동체의 자리가 되었습니다.

03 그리스도인이 예수의 이름으로 자리를 여는 곳은 언제나 구원과 해방, 치료와 회복의 은혜가 넘쳐납니다. 그리스도인이 예수님을 구주로 고백하고 찬양하는 자리는 고난당하여 상처받고 힘들어 고통스러워하는 이들이 찾아와 십자가 은혜로 회복을 경험하는 자리입니다. 그리스도인들은 예수님의 은혜를 나눌 자리를 여는 사람들입니다.

03 Any occasions held by a Christian in the name of Jesus overflows with salvation, liberation, healing and grace of recovery. Places where Christians confess and praise Jesus as their Lord and Savior is the place where those in hurt, pain, and suffering come to experience healing through the grace of the cross. Christians are people who hold these occasions for sharing the grace of God.

베드로의 집 묵상 Meditation of Peter's Home

예수님과 함께 그 길에 서서 나의 어제와 오늘 그리고 내일을 묵상합시다.
Let's stand on the path with Jesus and meditate about our own yesterday, today, and tomorrow.

예수의 길 묵상 9
Path of Jesus Meditation 9

회당
Synagogue

모세의 마음을 회복한 자리
누가복음 4장 44절
The Place Where the People's Hearts Were Restored to One of Moses
Luke 4:44

01 오래전 바벨론과 페르시아에서 포로생활을 하던 이스라엘 백성들은 더 이상 성전을 중심으로 하나님을 예배하고 말씀을 나눌 수 없었습니다. 그들은 다니엘처럼 각자 자기 처소에서 예루살렘을 향해 하루에 세 번씩 기도하고 예배하고 말씀을 암송했습니다. 그러나 홀로 예배하고 묵상하고 기도하는 일은 쉬운 일이 아니었습니다. 그래서 포로로 흩어진 이스라엘 백성들은 모여 기도하고 하나님의 말씀을 나누며 예

01 Long ago, the Israelites who were captive in Babylon and Persia could not worship or share the Word of God with the temple as the center. As Daniel had done, they individually prayed toward Jerusalem in their housing three times a day, worshiped, and memorized the Word. However, worshipping, meditating and praying alone were not easy tasks. So Israelites scattered as captives decided to establish a place of gathering for them to worship, pray, and share the Word of God

배할 수 있는 회합의 장소를 만들기로 했습니다. 그렇게 시작된 것이 바로 회당(synagogue)입니다. 얼마 후 회당은 헬라와 로마 세계에 흩어져 살고 있던 디아스포라 유대인들의 주 거지역 여러 곳에 세워졌습니다. 그렇게 세계 여러 곳에서 번성하던 회당은 예루살렘를 비롯한 유다 땅에도 세워지기 시작했습니다. '자유민의 회당(Synagogue of the Freedmen)'이 대표적입니다(행 6:9). 유대인 회당은 사실 오래전 모세가 모세오경을 통해 가르쳤던 토라의 말씀을 되새기고 그때의 신앙과 정신을 회복하고자 했던 간절한 마음이 담겨있던 곳입니다. 그래서 전 세계 모든 곳 회당들은 오래전 모세가 품었던 하나님을 향한 마음으로 부흥하는 일을 가장 큰 주제와 목표로 삼고 있었습니다. 그런데 안타깝게도 그들 대부분은 모세의 그 마음과 그 길로 돌아서 부흥하는 참 길을 알지 못했습니다. 그들은 모세의 마음을 회복하려 했던 예수님과 초대교회 제자들을 오히려 모세와 하나님을 모독하고 있는 사람이라고 몰아세웠습니다(행 6:11).

together. And so, the Jews started synagogues. Soon, synagogues were built in the regions of the Greek and Roman world where the diaspora Israelites settled. Like so, the synagogues thriving in different parts of the world were starting to be built in in the land of Judea, including Jerusalem. The "Synagogue of the Freedmen" was a good example (Acts 6:9). In theory, the Jewish synagogue was a place earnestly containing the longing heart for revisiting the words of of the Torah through the Pentateuch Moses wrote long ago, and recovering the faith and minds of that time. So synagogues all around the world considered the revival of hearts toward God as Moses had long time ago as the biggest objective and goal. Unfortunately, however, most of them did not know the true way of reviving their hearts as one like Moses. Rather, they called Jesus and the disciples of the first church who came to restore their hearts of Moses as those who are insulting Moses and God (Acts 6:11).

02 Jesus fully knew the core of the message God delivered through

02 예수님은 하나님께서 모세를 통해 전하신 말씀의 핵심을 잘 아셨습니다. 예수님은 갈릴리 이곳저곳 회당에서 하나님께서 모세를 통해 이미 드러내신 참뜻을 전하셨습니다. 예수님은 모세가 가르친 핵심이 하나님을 사랑하고 이웃을 사랑하는 것임을 명료하게 간파하셨습니다(막 12:29~31). 예수님은 어쩌면 유대인들의 회당이 가르치고 있으나 간파하지 못하고, 전하고 있으나 깨우치지 못하던 모세의 하나님을 향한 중심을 원점에서 다시 말씀하셨을 것입니다.

03 그리스도인은 하나님 뜻의 핵심을 잘 아는 사람들입니다. 성경이 말하는 진리, 하나님에 대한 사랑과 이웃에 대한 사랑의 뜻을 일관성 있게 품은 사람들입니다. 그리스도인은 모세와 예수님이 한마음으로 가졌던 이 토라의 핵심을 평생의 귀한 말씀으로 여기고 삶의 어디서든 흔들림 없이 그것을 전하고 실천하는 사람들입니다.

Moses. Jesus preached the true meanings revealed from God through Moses in synagogues around Galilee. Jesus clearly pinpointed that the core of Moses's teaching is to love our God and our neighbors (Mark 12:29-31). Perhaps, Jesus might have been speaking from the start about Moses's core toward God that the Jewish synagogues already taught, but did not penetrate, and shared, but never clearly understood.

03 Cristians are people who fully know the core of God's will. They are the people who embrace the truth of the Bible, as well as the consistent definition of love toward God and to neighbors. Christians are people who take value in the core of the Torah that Moses and Jesus both put into heart, and practice its words.

회당의 묵상 Meditation of the Synagogue

예수님과 함께 그 길에 서서 나의 어제와 오늘 그리고 내일을 묵상합시다.
· Let's stand on the path with Jesus and meditate about our own yesterday, today, and tomorrow.

예수의 길 묵상 10
Path of Jesus Meditation 10

갈릴리 호숫가
Galilee Lakeside

제자를 부르신 자리
누가복음 5장 1-11절
The Place Where the Disciple is Called
Luke 5:1-11

01 1986년 갈릴리 호수 일대에 극심한 가뭄이 들어 호수의 수위가 낮아졌을 때 놀라운 유물이 발견되었습니다. 예수님 당시 어부들이 사용하던 배입니다. 이 배는 길이가 약 8미터이고 폭이 2미터 가량 됩니다. 많게는 12명 정도가 양편에 앉아 노를 저을 수 있는 규모입니다. 나름 규모가 있는 배입니다. 예수님 시절 갈릴리 호수는 열여섯 개의 포구를 형성하며 여러모로 전문화되고 체계화된 어부들의 일터였습니다.

01 In 1986, surprising artifacts were discovered when the water level of Lake Galilee decreased due to a serious drought in the lake regions. It was a ship used by the fishermen during Jesus's time. The length and width of the boat was eight and two meters respectively. The size of the boat can hold up to twelve rowers sitting on both sides. It was a rather sizable boat. During Jesus's time, Lake Galilee was a professional and systemized work environment for the fishermen, forming six-

그들은 잘 만들어진 배와 어업 도구를 이용해서 호수로 나가 물고기를 낚았습니다. 그들은 물고기를 낚는 일을 일종의 동업 체계를 갖추어 운영하기도 했습니다(눅 5:10). 그들의 어업은 단순한 생계만을 위한 것은 아니었습니다. 어부들은 낚은 물고기를 유대인들의 중심지였던 가버나움이나 갈릴리 호수 서편의 로마황제 도시였던 티베리아스 같은 곳에 가져가 상인들에게 팔았습니다. 일종의 규모 있는 수산업을 운영한 것입니다. 당연히 어부들은 물고기를 낚는 일에 노련했습니다. 베드로와 그의 형제 안드레 그리고 요한과 그의 형제 야고보는 모두 숙련된 사람들이었습니다. 이 네 사람은 소위 갈릴리에서 무언가를 낚는 일에 이력이 대단한 사람들이었습니다.

02 예수님께서 하루는 베드로를 바라보시고 깊은 곳으로 가서 그물을 내리라고 말씀하셨습니다. 이미 지난밤 작업에서 허탕을 친 베드로였지만, 그는 예수님의 말씀에 순종했습니다. 그리고 예상치 못하게 많은 양의 고기를 얻을 수 있었습니

teen inlets around the water. They went out into the lake and fished with well-built boats and fishing tools. Sometimes they formed a partnership system in their fishing industry (Luke 5:10). Their fishery was not only for maintaining a living. The fishermen brought the fish to merchants to sell in Capernaum, the center of Jewish people, or Tiberias, which was a Roman emperor city west of Lake Galilee. They operated a considerably large fishing operation. Naturally, the fishermen were very skillful in fishing. Peter, his brother Andrew, John, and his brother Jacob were all experienced people in the industry. The four were very skillful in fishing something in the Galilee.

02 One day, Jesus looked at Peter and told him to let down the nets in the deep water. Although Peter had returned empty from the previous night's work, he obeyed Jesus's command. And Peter was able to gain an unexpected large amount of fish. Jesus had led Peter to a new life, with the one command "Put out into deep water, and let down the nets for a catch" that defied the fisherman's experience and

다. 예수님께서는 어부의 이력과 경험을 넘어서는 한 마디, "깊은 곳으로 가서 그물을 치라"는 말씀으로 베드로를 새로운 삶으로 나아가게 하셨습니다. 베드로는 자신의 인생 경험이 집결된 곳 갈릴리 해변에서 물고기를 낚는 어부가 아닌 사람을 낚는 어부가 되는 삶을 선택했습니다.

03 예수님은 종종 우리의 경험치가 축적된 자리에서 허를 찌르는 당신만의 경륜으로 우리를 불러내십니다. 우리는 그래서 베드로처럼 "주여 나를 떠나소서 나는 죄인이로소이다."라고 고백하게 됩니다. 예수님을 어떻게 대해야 할지 가늠하지 못하는 비명 같은 외마디입니다. 그러나 우리는 그 모든 당황스러움을 넘어서는 예수님의 다음 한 마디를 들어야 합니다. "무서워하지 말라 이제 후로는 네가 사람을 취하리라." 우리는 이 말씀 한 마디에 비로소 인생의 참길을 찾은 듯 베드로와 같은 제자의 삶을 순종하게 됩니다.

career. In the shore of Galilee where Peter's life and experiences were concentrated, he chose to be a fisher of men.

03 At times, Jesus, in His own unforeseen supervision, calls us at the places where our experiences accumulated. So we are led to confess like Peter: "Go away from me Lord, for I am a sinful man." It is a sort of short outcry because we do not know how to face Jesus. But we have to listen to Jesus's next sentence that will overcome all the bewilderment. "Do not be afraid, from now on you will catch men." With these words we are brought to be obedient to the life of a disciple, as Peter had found his true way of life.

갈릴리 호숫가의 묵상 Meditation of the Galilee Lakeside

예수님과 함께 그 길에 서서 나의 어제와 오늘 그리고 내일을 묵상합시다.
Let's stand on the path with Jesus and meditate about our own yesterday, today, and tomorrow.

하나님 나라를 전하는 길

제11일	팔복산-제자를 세우시는 자리
제12일	갈릴리의 길-병자들을 고치신 자리
제13일	갈릴리의 길-의의 길로 부르신 자리
제14일	갈릴리의 길-참 믿음을 보신 자리
제15일	벳새다-백성을 품으신 자리
제16일	여리고-내려서기를 요청하신 자리
제17일	수로보니게-간절한 기도를 들으신 자리
제18일	가이사랴빌립보-메시아로 서신 자리
제19일	거라사-복음의 영역을 확장하신 자리
제20일	사마리아-중심을 가르치신 자리

Path to Spread the Kingdom of God

Day 11	Mount of the Beatitudes - The Place Where the Disciples Are Raised
Day 12	Path of Galilee - The Place Where the Sick Were Healed
Day 13	Path of Galilee - The Place Where You Are Called to the Path of Righteousness
Day 14	Path of Galilee - The Place Where He Saw True Faith
Day 15	Bethesda - The Place Where the People Were Embraced
Day 16	Jericho - The Place He Asks Us to Come Down
Day 17	Syria Phoenicia - The Place Where He Heard the Desperate Prayer
Day 18	Caesarea Philippi - The Place Where He Stood as the Messiah
Day 19	Gadara - The Place Where the Territory of the Gospel Was Expanded.
Day 20	Samaria - The Place Where He Taught the Center

예수의 길 묵상 11
Path of Jesus Meditation 11

팔복산
Mount of the Beatitudes

제자를 세우시는 자리
마태복음 5장 1-12절
The Place Where the Disciples Are Raised
Matthew 5:1-12

01 갈릴리 호수 북쪽 능선에 세워진 팔복교회는 경치가 좋습니다. 갈릴리 호수를 한 눈에 볼 수 있는 전망이 탁 트인 곳입니다. 예수님께서 이곳에서 제자들을 가르치셨다면 정말 멋진 야외교실을 선택하신 것입니다. 그러나 실제 예수님이 제자들에게 하나님 나라와 팔복에 대하여 가르치신 '그 산'의 위치는 알 수 없습니다. 예수님 '그 산'의 위치는 오히려 마음과 영혼 그리고 믿음의 눈으로 알아내야

01 The Church of the Beatitudes built on the northern mountain ridge of Lake Galilee has excellent views. The location has a wide one-view scenery of the entire Galilee Lake. The Church of the Beatitudes would have been an amazing outdoor classroom if Jesus taught His disciples here. However, 'the Mountain' where, at the time, Jesus taught about God's Kingdom and the Eight Beatitudes to the disciples is still unable to be found. The location of 'Jesus's mountain' has to

합니다. 모세가 이스라엘 백성들을 애굽으로부터 이끌어낸 후 홍해를 건너 도착한 곳은 시내산 앞 광야였습니다. 그곳에서 모세는 하나님의 명령을 따라 이스라엘 온 백성들로 하여금 하나님의 계명을 듣고 받을 준비를 하게 했습니다. 모세는 산에 올라갔습니다. 그리고 하나님께서 주시는 계명과 율법을 받아들고 산 아래 백성들에게 내려와 그것을 가르쳤습니다(출 19장). 이스라엘은 이제 이 계명을 마음과 삶에 새기고 하나님께서 명하신 땅으로 가서 하나님의 백성답게 살아야 합니다. 사람들은 예수님께서 갈릴리 어느 산에서 가르치신 방식은 모세가 시내산 앞에 선 이스라엘에게 했던 것과 유사한 구도라고 말합니다. 산 위에 선 모세와 예수님, 그 아래 말씀을 받기 위해 선 이스라엘과 제자들, 그리고 그 사이에 오간 하나님의 말씀들이 바로 그것입니다.

02 예수님께서는 이곳 산 위에서 제자들을 불러 모으시고 하나님의 백성으로서, 예수님의 제자로서 이 세상 가운데 세워야 할 정

be rather searched with the eyes of the mind, heart, and faith. The place where Moses arrived, leading the Israelites from Egypt across the Red Sea, was the desert in front of Mount Sinai. There, Moses prepared all of Israel to hear and receive God's commandments as instructed from God. Moses then climbed the mountain. After Moses received the commandments and the Law, he descended from the mountain and taught the commandments to the people (Exodus 19). Israelites now have to engrave the commandments in their heart and their life, and live as the people of God in the land He commanded them to go. People say that Jesus's style of teaching in a mountain in Galilee has similar composition to what Moses said to the Israelites on top of Mount Sinai. As Moses and Jesus stood on the mountain, Israelites and the disciples gathered below the mountain to receive the words that God has given to Jesus and Moses; the words that were shared between Jesus and disciples, and Moses and Israelites were the words of God.

02 Jesus gathered the disciples here on the mountain top and taught

"입을 열어 가르쳐 이르시되
심령이 가난한 자는 복이 있나니
천국이 그들의 것임이요"

마태복음 5장 2~3절

하나님 나라를 전하는 길

체성과 삶의 방도를 가르치셨습니다. 예수님은 그 자리에서 부름 받은 제자들의 하늘 하나님만을 의지하는 복 있는 모습과 빛과 소금된 삶, 그리고 새롭게 정립하신 계명들과 더불어 기도하는 삶과 여러 가지 삶의 방도를 일깨우셨습니다. 예수님의 부름 받은 제자들은 이제 이 '산상수훈'을 중심으로 세상 곳곳에서 부름 받고 세움 받은 제자의 모습으로 살아가야 합니다.

03 그리스도인은 각자의 '팔복산'으로 부르시는 예수님의 음성을 들어야 합니다. 그렇게 산으로 올라가야 합니다. 그리고 예수님 앞에 서서 가르침을 받아야 합니다. 예수님께서 주시는 제자의 도를 마음과 영혼 그리고 삶에 깊이 새겨야 합니다. 그래서 배운 그대로 그리스도인의 삶을 시작해야 합니다. 그리스도인은 누구나 제자로서 그 산에서 세움 받은 사람들입니다.

them the identity and life as God's people and Jesus's disciple that should be established in the world. At this place, Jesus awakened the called disciples on many means to live their lives: to live with blessings and dependence solely on God, to live as the light and salt, and to live with the newly established commandments in prayer. Disciples who have received their calling from Jesus must live as established disciples based upon this Sermon on the Mount.

03 Christians must hear the voice of Jesus calling each of us to our own "Mount of Beatitude." And like so, we must climb the mountain, standing in front of Jesus as we receive His teachings. We must deeply embed the disciple's duty in our minds, spirits and lives. And as taught, we must start the life as a Christian. Christians are anyone who are established as disciples on that mountain.

 부르심 받은 산 위의 묵상 Medication on Top of the Mountain, Where We Are Called To

예수님과 함께 그 길에 서서 나의 어제와 오늘 그리고 내일을 묵상합시다.
Let's stand on the path with Jesus and meditate about our own yesterday, today, and tomorrow.

예수의 길 묵상 12
Path of Jesus Meditation 12

갈릴리의 길
Path of Galilee

병자들을 고치신 자리
마가복음 1장 40-45절
The Place Where the Sick Were Healed
Matthew 1:40-45

01 갈릴리는 남쪽의 유대 땅에 비해 가난하고 어려운 사람들이 많이 살았습니다. 사람들은 정치와 경제, 종교와 문화의 중심지로서 예루살렘이 있는 유대는 귀하게 여겼으나 그 위쪽 사마리아는 물론 갈릴리 일대의 사람들을 가볍게 여기거나 심지어 천대하기까지 했습니다. 갈릴리는 정치적으로 밀려난 사람들 혹은 경제적 이득을 누리지 못하는 사람들, 그리고 종교적으로 마저 홀대받는 사람들이 살던 곳이

01 Compared to the southern parts of Judea, there were more people in Galilee living poor and difficult lives. Judea, which included Jerusalem, was considered important, acting as the center of politics, commerce, religion, and culture. However, the people in the upper regions of Samaria and Galilee were not considered as important as Judea and was even treated contemptuously. Galilee was a place where those who were ousted from politics, not able to enjoy economic benefits, or even

었습니다. 유대지역 사람들은 이 사람들을 '땅의 사람들'이라는 뜻의 '암 하레쯔'(Am Haretz)로 멸시하듯 불렀습니다. 그런데 이곳에는 그 땅의 사람들로부터도 멸시와 천대를 받는 또 다른 사람들이 있었습니다. 그들은 바로 '문둥병'(한센씨병)과 같은 부정한 병에 걸린 사람들이었습니다. 그들은 일단 병에 걸리면 레위기 13,14장이 가르치는 대로 살던 곳에서 쫓겨났습니다. 그들은 하루 종일 사람들이 볼 때마다 "나는 부정하다"고 외치며 살아야 했습니다. 예수님 당시 이 병에 걸렸다는 것은 일단의 비천함보다 더한 비천한 삶으로 떨어지는 것을 의미했습니다. 갈릴리는 결국 사회적으로 비천한 사람들과 그들보다 더 천한 사람들이 살아가는 곳이었습니다.

02 예수님께서는 갈릴리 길가에서 만나는 모든 '땅의 사람들'을 불쌍히 여기시고 은혜를 베푸셨습니다. 예수님께서는 특히 '땅의 사람들'에서도 밀려난 병든 사람들에게 지극한 관심을 기울이셨습니다. 그리고 그들을 고치셨습니다.

religiously mistreated lived in. In despise, people residing in Judean regions called these Galileans 'Am Haretz' which means 'People of the Land'. But here, even from the 'People of the Land' had another group of people receiving contemptuous treatment. They were people who caught unclean diseases like leprosy. They were expelled from where they lived once catching the disease as Leviticus Chapter 13 and 14 taught. All day, they lived their lives shouting "I am unclean" to everyone they saw. At the time of Jesus, catching this disease meant living a life more miserable than the ordinary misery. As a result, Galilee became the residency of the people who were considered societally low and those who were considered even lower than them.

02 Jesus took pity on all the "People of the Land" on the roadsides of Galilee and gave grace to them. Jesus especially gave the utmost interest to the sick who were pushed away from the "People of the Land." And He healed them. Going further than curing their disease, Jesus helped them live a new, healed life accord-

예수님께서는 그들의 병 고치시기를 넘어서 레위기의 계명대로 회복된 새로운 삶을 살아가도록 안내하셨습니다. 예수님은 육신과 마음의 병 뿐 아니라 그 사회적 관계의 회복과 영적 관계의 부흥까지도 치유사역에 포함하셨습니다.

03 그리스도인은 가능한 폭넓은 치유의 노력으로 한 영혼에게 온전한 회복의 길을 여는 사람들입니다. 예수님을 믿고 따르는 제자들은 상처받은 영혼 전체를 품을 넉넉함으로 이 세상 '땅의 사람들'에게 다가가야 합니다. 길가에 서서 눈물로 호소하는 이들에게 다가가 그들을 품고 그들의 삶에 진리와 생명이 온전히 자리잡기까지 수고와 헌신을 멈추지 말아야 합니다. 이것이 예수님을 따르는 진정한 치유의 봉사입니다.

ing to the commandments in Leviticus. In His ministry of healing, Jesus included not only the sickness of body and mind, but also the restoration of social relations and revival of the spiritual relations.

03 Christians are people who open a path to wholesome recovery to a soul with possibly wide effort of healing. Disciples, who believe and follow Jesus, need to approach the world's 'People of the Land' with the sufficiency to embrace all the hurt souls. We need to approach those who are crying out in tears by the roadside and as we embrace them, we must not stop our efforts and sacrifice until the truth and the life settle in their lives. This is the true service of healing that follows Jesus. This is the true service of healing that the followers of Jesus fulfills.

 온전한 회복을 위한 갈릴리의 길 묵상 Meditation of the Galilee Path for a Complete Healing

예수님과 함께 그 길에 서서 나의 어제와 오늘 그리고 내일을 묵상합시다.
Let's stand on the path with Jesus and meditate about our own yesterday, today, and tomorrow.

예수의 길 묵상 13
Path of Jesus Meditation 13

갈릴리의 길
Path of Galilee

의의 길로 부르신 자리
마태복음 9장 9-13절

The Place Where You Are Called to the Path of Righteousness
Matthew 9:9-13

01 가버나움은 이집트와 시리아를 잇는 국제도로(해변 길-사 9:1) 주변에 있던 도시였으며 특히 헤롯의 두 아들, 안티파스와 빌립이 통치하던 갈릴리 지방의 경계 도시였기 때문에 일종의 통행세를 거두어들이는 세관원이 상주하고 있었습니다. 세리라고도 불리는 이들은 로마 정부를 위해 일했습니다. 로마는 일정 단위 지역의 세금액을 인구 수와 상업 활동 등을 고려하여 책정하고 그 지역 주민 가운데 세금 징

01 Capernaum was a city near the international road (via Maris - Isaiah 9:1) connecting Egypt and Syria. Because Capernaum was bordering the Galilee regions ruled by Herod's two sons, Antipas and Phillips, there were custom officers residing within Capernaum, collecting tolls to the passerby. Commonly called tax collectors, these custom officers worked for the Roman government. Rome took the region's population and commerce activities in consideration for determining the

수원을 선발했습니다. 세금 징수업무에 지원한 사람들은 각자 로마 정부에 자기가 거두어들일 최고 목표액을 제안했고, 로마는 그 가운데 가장 이득이 되는 금액을 적어낸 사람에게 세금을 거두어들이는 일을 맡겼습니다. 세금 징수를 맡은 사람은 그 업무를 강제적으로 수행할 수 있는 권한을 부여받았는데, 당연히 자신이 제출한 금액보다 많은 돈을 거두어들이곤 했습니다. 그래서 세리들은 대체적으로 탐욕스럽고 폭력적이었습니다. 거두어들인다기보다 폭력적으로 갈취하는 것이 상례였습니다. 사람들은 폭력적이고 이방인을 수시로 상대하는 세리를 죄인으로 여겼습니다. 레위라고도 불리는 마태는 세관이었습니다. 그는 갈릴리 일대 세금을 거두어들이는 일을 담당했던 것으로 보입니다(막 2:14, 눅 5:27). 그는 특히 농수산물 거래가 빈번한 가버나움에 세관을 설치하고 지나는 사람들에게 통행세를 거두어들이는 역할을 했습니다.

02 예수님께서는 이번에 갈릴리 가버나움 길 한편에 선

tax. Then they selected tax collectors from the region's residents. People who apply for tax collection work bid the highest target amount they will collect to the Roman government. Rome, then entrusted the tax collecting work to the person with the highest profitable amount. People who were in charge of tax collection were given the authority to forcibly carry out their duties. Naturally, they collected more money than the submitted amount. Thus the tax collectors were mostly violent and greedy. Rather than collecting the tax, it was more of extorting the money with violence. People considered these violent, foreigner-friendly tax collectors as sinners. Matthew who is called Levi was a tax collector. He seemed to be in charge of collecting tax in the regions around Galilee (Mark 2:14, Luke 5:27). In particular, he installed a customhouse in Capernaum which frequented in the trade of agro-marine items, and charged toll to people passing by.

02 This time, Jesus called Matthew, who was standing on the side of Galilee's Capernaum road, as a disciple. Matthew answered immediately to Jesus's

세리 마태를 제자로 부르셨습니다. 마태는 죄인인 자신을 부르시는 예수님의 음성에 즉각 응답했습니다. 그의 반응은 이전 베드로와 안드레, 요한과 야고보를 부르실 때와 동일한 것이었습니다. 아마도 세관으로서 죄인취급을 당하는 자신의 삶이 싫었을지 모릅니다. 그는 예수님의 부르심을 듣자 바로 자신의 죄인 된 삶의 자리로부터 일어섰습니다. 그리고 바로 예수님을 따랐습니다.

03 예수님은 오늘도 불의하여 온갖 옳지 못한 것을 만들어내는 우리 삶의 자리로 다가오십니다. 그리고 "나를 따르라"고 명령하십니다. 지금의 자리가 옳지 못한 것이라 생각하여 깊은 고민 가운데 있다면, 다가오셔서 부르시는 예수님의 음성을 들어야 합니다. 그리고 즉시 순종해야 합니다. 불의한 자리를 차고 일어서 올바른 길, 예수님의 제자 길로 나아가야 합니다.

voice calling him as the sinner he was. Matthew's response was the same as when Peter, Andrew, John and Jacob were called. Maybe he disliked his life, treated as a sinner for working as a tax collector. When he received his calling from Jesus, Matthew stood up from the seat of his sinful life. And he followed Jesus immediately.

03 Even today, Jesus approaches the place of our lives that unrighteously produces all the wrong things. And He commands us, "Follow me." Even now, if you are in deep affliction thinking the place you are in is not right, you need to hear the voice of Jesus who comes and calls you, and obey immediately. You must kick up from the unrighteous seat and go toward the righteous path of Jesus's disciple.

의로움을 향한 갈릴리의 길 묵상 Meditation of Galilee Path Toward Righteousness

예수님과 함께 그 길에 서서 나의 어제와 오늘 그리고 내일을 묵상합시다.
Let's stand on the path with Jesus and meditate about our own yesterday, today, and tomorrow.

예수의 길 묵상 14
Path of Jesus Meditation 14

갈릴리의 길
Path of Galilee

참 믿음을 보신 자리
마가복음 5장 24-34절

The Place Where He Saw True Faith
Mark 5:24-34

01 갈릴리는 참으로 많은 힘들이 맹렬하게 충돌하는 복잡한 곳이었습니다. 로마인들은 갈릴리 호수 서쪽을 차지하고서 자신들만의 멋진 도시 디베랴를 세웠습니다. 헬라 사람들은 갈릴리 호수 동편과 남쪽에 자신들만의 영역을 만들고 데가볼리라 불리는 열 개 도시를 세웠습니다. 유대인들은 유대인들대로 갈릴리 북쪽에 거점을 만들고 그들만의 테두리를 세워 두었습니다. 갈릴리를 차지한 사람들은 서로

01 Galilee was an intricate place where many forces fiercely collided. Rome took the west of Lake Galilee and built their charming city of Tiberias. The Greeks claimed the south and east of Lake Galilee for their own and built ten cities called Decapolis. Jews made a base of their own in northern Galilee and built a border around them. Claimers of Galilee conflicted and were opposed to each other. Rome, based on their mighty power, expanded their political and military

충돌하고 대립했습니다. 로마는 그 막강한 힘을 기반으로 정치와 군사적인 세력을 확장했습니다. 헬라 사람들은 그들의 독특하고 화려한 문화를 기반으로 갈릴리 일대를 자신들의 삶의 방식으로 빨아들였습니다. 유대인들 역시 마찬가지였습니다. 대부분 예루살렘에 기반을 둔 지도층 유대인들은 종교법을 앞세워 동족마저 제단하고 심판했습니다. 고통스러운 것은 갈릴리의 사람들이었습니다. 그들은 혼란스럽고 복잡하기 짝이 없는 갈릴리에서 누구에게도 도움을 얻지 못한 채 하루하루 어려운 삶을 이어갔습니다. 누구도 평안으로 인도하지 않는 척박한 갈릴리의 길 위에서 구원의 날만을 기다렸습니다.

02 갈릴리의 혼란스러운 길 한 편에 여인 하나가 있습니다. 그녀는 오랫동안 병에 시달렸고 치료하느라 재산을 탕진했습니다. 누구도 그녀에게 평안을 가져다주지 않았습니다. 가야할 바를 몰랐습니다. 그렇게 고통 받는 여인에게 예수님의 이야기가 들렸습니다. 그녀

strength. Greeks, based on their unique and ornate culture, drew in people in the region to their way of life. It was similar for the Jewish people as well. Using Jerusalem as their basis, most of the Jews in leadership judged and cut off even their own people with the religious laws in front. People of Galilee were the ones in pain. They continued their difficult daily lives, not receiving help from anyone in the chaotic and complex regions of Galilee. They waited for the day of salvation on the barren road of Galilee with no one leading to peace.

02 There was a woman on the side of this confusing road. She suffered from a disease for a long time, and had dissipated all her fortune trying to cure it. Nobody was able to bring her peace. She did not know where to go. To this suffering woman, the stories of Jesus were told. Breaking through all the obstacles in the chaotic Galilee road, the woman approached Jesus. And she was cured of her disease. Jesus told this woman, "Daughter, your faith has saved you" (Christian Standard Bible) At that spot, Jesus raised the

072 하나님 나라를 전하는 길

혼란스런 갈릴리의 길에 놓인 모든 장애를 뚫고 예수님께 다가갔습니다. 그리고 병이 낫게 되었습니다. 예수님은 여인에게 말씀하셨습니다. "딸아 네 믿음이 너를 구원하였다." 예수님은 그 자리에서 여인의 모습을 들어 참 믿음의 모범을 세우셨습니다.

03 계산을 해보고 이성적으로 판단해도 오히려 복잡해질 때가 있습니다. 그렇게 가야할 바를 알지 못할 때, 모든 것이 혼란스러울 때, 믿음은 일어서 가야할 길을 열어줍니다. 오늘 거짓과 왜곡, 분열과 대립으로 점철된 세상 한복판에서 우리에게 살 길을 열어주는 하나는 바로 믿음, 하나님의 아들 예수 그리스도를 믿는 믿음입니다.

woman as the true model of faith.

03 There are moments when calculating and thinking rationally makes things more complicated. At moments where you do not know where to go and everything seems confusing, faith stands up and opens the way you need to go. In today's world spotted with lies, distortions, separations, and oppositions, the only one that opens the way of life is the faith: the faith of believing God's Only Son, Jesus Christ.

 침 믿음을 향한 갈릴리의 길 묵상 Meditation of Galilee Path Toward True Faith

예수님과 함께 그 길에 서서 나의 어제와 오늘 그리고 내일을 묵상합시다.
Let's stand on the path with Jesus and meditate about our own yesterday, today, and tomorrow.

예수의 길 묵상 15
Path of Jesus Meditation 15

벳새다
Bethesda

백성들을 품으신 자리
누가복음 9장 10-17절

The Place Where the People Were Embraced
Luke 9:10-17

01 벳새다는 가버나움 옆에 있는 작은 마을이었습니다. 벳(Beth)이 집을 의미하고 세다(Saida)가 물고기잡이 혹은 사냥꾼이라는 뜻을 갖고 있는 것으로 보아 이곳은 분명 어부들의 마을이었을 것입니다. 사실 이곳에는 매우 따뜻한 샘이 호수로 흘러들어가는 곳이 있는데, 찬물과 따뜻한 물이 뒤섞이는 연안지역에 물고기가 많이 몰려들어 자연스럽게 어업도 발달하게 되었다고 합니다. 벳새다는 베드로

01 Bethesda was a small town next to Capernaum. The words "Beth" meant house and "Saida" meant fisherman or hunter, thus this place must have been a town of fishermen. In fact, there was a location here where a very warm water spring flows into the lake. The cold and warm water mixing at this coastal area attracted fishes and allowed the local fishery to grow. Bethesda was the place where Peter, his brother Andrew and presumably, John and his brother James, were born and

와 그의 형제 안드레 그리고 아마도 요한과 야고보가 태어나 자란 곳입니다(요 1:44). 주요 제자들 출신 동네여서 그런지 예수님은 이곳에 자주 들르셨습니다. 그리고 여기저기서 많은 일들을 하셨습니다. 한 번은 이 마을로 가는 뱃길에서 물 위를 걸으시는 기적을 보이셨습니다(마 6:45-47). 또 사람들이 데려온 맹인을 고치셨습니다(막 8:22-23). 그러나 예수님께서는 그렇게 많은 기적을 보이시고 또 병자들을 고치신 이곳 벳새다가 회개하지 않는 것을 책망하기도 하셨습니다(마 11:20-21).

02 한번은 예수님께서 제자들을 파송하신 후 하나님 나라를 전하고 기적을 행하게 하셨습니다. 갈릴리 사람들은 예수님의 제자들이 보여준 일들로 큰 위로를 받았습니다. 그런데 통치자 헤롯은 백성들을 돌보지는 않으면서도 예수님과 제자들의 이야기를 듣고 불안해했습니다. 한편 예수님께서는 제자들의 사역 보고를 들으신 후 그들과 더불어 벳새다로 가셨습니다. 그런데 사람들이 예수님과 제자들을 따라 벳새

raised (John 1:44). Perhaps because many of the disciples were from here, Jesus visited this town very often. And He did many works in various places. One time on the sea route to the town, He showed the miracle of walking on water (Matthew 6:45-47). And He healed the blind people brought (Mark 8:22-23). But despite showing all these miracles and healing many sick people, Jesus rebuked Bethesda that they do not repent (Matthew 11:20-21).

02 One time, Jesus sent the disciples and had them spread the word of God's Kingdom and perform miracles. People of Galilee were greatly comforted by the works of Jesus's disciples. But the ruler, Herod, was uneasy hearing the stories about Jesus and his disciples although he, himself, did not care for his own people. After Jesus heard the ministry report from the disciples, He went with them to Bethesda. But people also followed Jesus and His disciples to Bethesda. Even there, the poor listened to Jesus's words and received healing. And when the evening came, they were left in the Bethesda field without anything to eat. Jesus took mercy

다로 왔습니다. 가난한 그들은 그곳에서도 예수님의 말씀을 듣고 병 고침을 받았습니다. 이윽고 저녁이 되자 그들은 먹을 것도 없이 벳새다 들판에 남게 되었습니다. 예수님께서는 돌봄도 받지 못하는 그들을 불쌍하게 여기시고 품으셨습니다(마 9:36). 그리고 제자들에게 먹을 것을 주게 하셨습니다. 처음 먹을 것은 물고기 두 마리와 보리떡 다섯 개 뿐이었으나 놀랍게도 곧 거기 모인 오천 명이 먹을 만큼 풍성하게 되었습니다.

03 예수님은 당신의 백성들을 품으시는 분입니다. 예수님은 외면당하고 돌봄을 얻지 못하는 이들의 영혼과 마음 뿐 아니라 그 육신의 필요마저도 품으시는 분입니다. 예수님을 따랐던 갈릴리 사람들은 오늘 우리 각자의 굶주리고 방황하는 모습과 같습니다. 우리 역시 예수님을 따라가 예수님께 우리의 가난함을 아뢰면 우리의 필요를 채우시고 풍성하게 하십니다.

and embraced them. He had the disciples give food to eat. The food they had to begin with was only two fish and five bread, but it became abundant enough to feed the five thousand that was gathered there.

03 Jesus is the God who embraces His people. Jesus embraces not only the soul and mind, but also the need for the physical body of those who are not taken care of and neglected. People who followed Jesus look like us today, each of us hungry and directionless. If we, too, follow Jesus and tell him of our destitute, He fills our needs and makes us abundant.

 벳새다의 묵상 Meditation at Bethesda

예수님과 함께 그 길에 서서 나의 어제와 오늘 그리고 내일을 묵상합시다.
Let's stand on the path with Jesus and meditate about our own yesterday, today, and tomorrow.

예수의 길 묵상 16
Path of Jesus Meditation 16

여리고
Jericho

내려서기를 요청하신 자리
누가복음 19장 1-10절
The Place He Asks Us to Come Down
Luke 19:1-10

01 여리고는 요단강 하류 서편, 사해 북단에 위치한 인류 역사상 가장 오래된 도시 가운데 하나입니다. 여리고는 주전 587년 유다가 바벨론에게 멸망당한 이후 오랫동안 폐허로 방치되어 있었습니다. 그후 헤롯대왕이 도시를 재개발했으며, 이집트의 클레오파트라에게 도시를 임대했습니다. 이후 여리고는 클레오파트라가 사해의 광물질들을 탐내어 그것으로 많은 돈을 벌어들이면서, 그리고 헤롯이 그곳에

01 Jericho is one of the oldest cities in the history of mankind, located west of the downstream Jordan River, and north of the Dead Sea. Jericho was left in ruins for a long time, after Judea was destroyed by Babylon in 587 B.C. Herod the Great then redeveloped the city, and leased it to Cleopatra of Egypt. Afterwards, Cleopatra brought in a great amount of money to Jericho, coveting the minerals of the Dead Sea, which led Herod to built his secondary palace there, developing Jericho

별궁을 지으면서 주요한 도시로 발달하게 되었습니다. 예수님 시대 유대인들이 사마리아 산지를 통과하기 싫어 예루살렘과 갈릴리 지역을 오가는 주요한 통로로 요단강변 길을 사용하면서 여리고는 더욱 번성하게 되었습니다. 사람들이 이곳을 중요하게 여긴 것은 아무래도 엘리사의 샘 등에서 솟는 많은 양의 물 때문이었을 것입니다. 도시는 척박한 유다광야 여행자들에게 오아시스를 제공하면서 각광을 받았습니다. 대부분 사람들은 요단강 줄기를 타고 내려와 여기 여리고에서 한 번 쉬고, 다시 힘을 내서 높은 예루살렘까지의 광야 길을 갔습니다. 그래서인지 예수님은 이곳을 기점으로 강도만난 사람과 선한 사마리아 사람에 대한 이야기를 들려주기도 하셨습니다(눅 10:30).

02 예수님께서는 여리고에서 세리장으로 돈은 벌었으나 사회적으로는 고립된 삭개오를 만나셨습니다. 예수님께서 여리고에 오셨을 때 그는 돌무화과나무 위에 올라가 가지 사이에 자신을 숨겼습

into an important city. Jewish people at the time of Jesus used the road on the riverside of Jordan River as an important path to traverse between Jerusalem and Galilee to avoid passing through the mountainous region of Samaria. Because of that, Jericho thrived even more. The reason why people considered this place important is because of the large quantity of water flowing from springs such as the Spring of Elisha. The city was highlighted for providing oasis to the travelers in the barren Judean wilderness. Most people followed the Jordan river down, rested in Jericho, and with their regained strength, went the elevated wilderness road to Jerusalem. Maybe because of that, Jesus told a story of a man who was robbed and of the good Samaritan based on here (Luke 10:30).

02 In Jericho, Jesus met Zacharias, who earned money as a tax collector, but was isolated socially. When Jesus arrived in Jericho, Zacharias hid himself by climbing a sycamore-fig tree. Bible explains that it was because of his short height, but it was his life as a tax collector that made him climb onto the branch and

니다. 키가 작아서라고 하지만 사실은 세리로서의 인생살이가 그를 나뭇가지 위로 올라가 그곳에 숨게 만든 것입니다. 예수님께서는 그에게 "삭개오야, 속히 내려오라"고 말씀하셨습니다. 삭개오는 말씀을 듣고 즉시 내려와 예수님을 자신의 집으로 초대했습니다.

03 예수님께서는 오늘 우리 각자가 올라선 교만과 자만, 왜곡과 거짓의 자리에서 내려오라고 말씀하십니다. 예수님께서는 그 나뭇가지에서 내려오되 속히 내려오라고 말씀하십니다. 예수님의 말씀을 듣고서도 여전히 그 나뭇가지 위에 숨어있다면 우리는 아직 믿음의 조상 아브라함의 자손이 되지 못한 것입니다. 오늘 우리에게 필요한 것은 삭개오처럼 내려설 용기를 갖는 것입니다.

hide. Jesus told him "Zacharias, come down quickly." As soon as Zacharias heard these words, he immediately came down and invited Jesus to his home.

03 Today, Jesus asks us to come down from a place of pride, conceit, distortion and lies that we stand on. Jesus asks us not only come down from the branch but do so quickly. If we are still hiding on top of the branches even after hearing these words, we are not yet descendants of Abraham, the ancestor of our faith. What we need today is the bravery to come down quickly like Zacharias.

 여리고의 묵상 Meditation at Jericho

예수님과 함께 그 길에 서서 나의 어제와 오늘 그리고 내일을 묵상합시다.
Let's stand on the path with Jesus and meditate about our own yesterday, today, and tomorrow.

Path to Spread the Kingdom of God

예수의 길 묵상 17
Path of Jesus Meditation 17

수로보니게
Syria Phoenicia

간절한 기도를 들으신 자리
마가복음 7장 24-30절
The Place Where He Heard the Desperate Prayer
Mark 7:24-30

01 예수님께서 갈릴리 지경을 넘어 낯선 땅으로 가셨습니다. 먼저 가신 곳은 수로보니게라는 곳입니다. 수로보니게는 시리아-페니키아(Syria-Phoenicia)라는 의미를 갖습니다. 사실은 오래전부터 뵈니게 즉, 페니키아라고 불리던 지역이었습니다. 페니키아는 고대의 장사꾼들이 모여 살던 곳이었습니다. 이들은 탁월한 상술로 오랫동안 지중해 일대를 지배했으며 중동과 아시아와 지중해와 유럽의 물건들을

01 Jesus went into the unfamiliar lands past the Galilean boundary. The first place He visited was the Syria Phoenicia. In fact, this region was called Phoenicia for a very long time. Phoenicia was a place where the ancient traders resided. With their excellent business skills, they ruled over the Mediterranean regions, and thrived from the middle trade between the goods from the Middle East, Asia and Mediterranean Sea. Later when the Greek culture flourished, this place was

중간 무역하며 번성했습니다. 이후 헬라문화가 번성하던 시절 이곳은 셀류시드 왕조의 중심지 가운데 하나이기도 했습니다. 로마시대에 이르러 수로보니게는 지배층들에게 더욱 귀한 대접을 받았습니다. 각 도시들이 생산하고 거래하는 물산과 그 경제적 가치를 잘 알았던 것입니다. 결국 중심지인 두로와 시돈 그리고 비블로스 같은 도시들의 거주민들은 일거에 로마시민권을 받기도 했습니다. 한마디로 수로보니게는 옛적으로부터 지금에 이르기까지 상업이 크게 발달했고 지배자들에게 큰 관심을 받던 세상 문화의 중심지와 같은 곳이었습니다. 상업과 문화가 융성하던 수로보니게에 비하면 분쟁만 자주 일어나는 갈릴리 같은 곳은 정말 보잘 것 없는 곳이었습니다.

02 예수님께서 갈릴리를 벗어나 수로보니게 지경에 들어가셨습니다. 그곳에서 예수님은 딸이 귀신에 빠져 아픈 한 여인을 만나게 됩니다. 사실 이 이방여인은 출신이나 신분으로 보아 갈릴리에서 온 청년에게

one of the centers of the Cellusid lineage. In the Roman times, Syria Phoenicia received a more exalted treatment from the ruling class. They knew well of the produced and traded goods and its economical worth. So the residents of Tire, Sidon, and Byblos which were the centers of the region, received Roman citizenships at one time. In one word, Phoenicia vastly developed trading industry from long ago and became a center of world's culture with great interest from the ruling class. Compared to Syria Phoenicia that flourished with commerce and culture, Galilee was an insignificant place with frequently occurring conflicts.

02 Jesus left Galilee into regions of Syria Phoenicia. There, Jesus met a woman who had a demon-possessed daughter. To speak the truth, this foreigner woman had nothing to lack in terms of origin, or class compared to the young man who came from Galilee. But the woman laid down everything valuable to her and pleaded Jesus. She had the desperate heart only to save her daughter. At first, Jesus neglected the woman. The woman, how-

084 하나님 나라를 전하는 길

부족할 것이 없는 사람이었습니다. 그러나 여인은 자신의 존귀한 모든 것들을 내려놓은 채 예수님께 간청합니다. 오직 딸을 살리기 위한 간절한 마음이었습니다. 예수님은 처음 여인을 홀대합니다. 그러나 여인은 예수님의 홀대를 받아들이면서 오히려 더 적극적으로 예수님의 은혜를 간구합니다. 예수님은 결국 여인의 간구를 들어주셨습니다.

03 간절함이 없는 그리스도인은 유대의 바리새인과 서기관과 같은 부유한 사람입니다(막 7:1~23). 예수님은 마음의 가난함과 간절함을 갖고 나온 이방여인의 기도를 들으시고 응답하셨습니다. 하나님께 향한 기도에는 높고 낮은 귀천이 없습니다. 높고 귀함이 하나님께서 응답하시는 조건이 아닙니다. 절실하게 탄원하는 가난한 마음의 기도야 말로 진정한 그리스도인의 기도입니다.

ever, accepted the neglect and instead pleaded more desperately for Jesus's grace. In the end, Jesus heard the woman's request.

03 Christians without desperation are like the men of wealth just as the Judea's Pharisees and the Teachers of the Law were (Mark 7:1-23). Jesus heard and answered the prayer of the foreigner woman who brought out the poorness and desperation of the heart. Prayer toward God has no higher or lower nobility. High nobility and honor is not the criteria for God to answer prayers. Prayer in desperate appeal and destitute heart is the true Christian's prayer.

수로보니게의 묵상 Meditation at Syria Phoenicia

예수님과 함께 그 길에 서서 나의 어제와 오늘 그리고 내일을 묵상합시다.
Let's stand on the path with Jesus and meditate about our own yesterday, today, and tomorrow.

예수의 길 묵상 18
Path of Jesus Meditation 18

가이사랴 빌립보
Caesarea Philippi

메시아로 서신 자리
마태복음 16장 13-20절

The Place Where He Stood as the Messiah
Matthew 16:13-20

01 가이사랴 빌립보는 갈릴리 북쪽 헐몬산 아래에 위치한 로마식의 도시였습니다. 헤롯 빌립이 로마의 통치자 가이사를 위해 지은 도시입니다. 이 도시는 다메섹에서 수로보니게 사이를 왕래하는 상인들이 많이 다녔습니다. 그래서 도시가 만들어지면서 곧 사람들의 왕래와 거래가 많은 곳으로 자리 잡게 되었습니다. 도시가 정말 유명한 것은 로마의 아우구스투스 황제를 숭배하는 신전과 제우스 신전 그리고

01 Caesarea Philippi was a Roman city located under the Hermon mountain in Northern Galilee. It was a city built by Herod Philip for the Roman ruler Caesar. Many merchants traveling between Damascus and Syria Phoenicia visited the city frequently. So, as the city was constructed, it took place as a spot of abundant commerce and human traffic. The reason for the city's fame is because of the temple worshipping Emperor Augustus, Zeus, and above all, the temple worship-

무엇보다 농사와 목축을 관장하는 판(Pan)신을 섬기는 신전 때문이었습니다. 신전들은 도시 위쪽 절벽 아래 요단강의 발원지인 헐몬의 샘이라 불리는 지역에 화려하게 세워졌습니다. 사람들은 항상 하늘과 땅의 권력자들을 상징하는 신전들 앞에 모여들었습니다. 특히 사람들은 요단강의 발원지에서 염소를 잡아 한 해의 풍요로움을 기원하는 제사를 지냈습니다. 도시는 한 마디로 화려했습니다. 세상의 귀한 것을 모두 도시 한복판에 가져다 놓은 듯 장엄함이 풍겨났습니다. 가이사랴 빌립보는 정치와 경제적으로도 주변의 중심 역할을 했을 뿐 아니라 종교적으로도 헬라와 로마를 잘 융합한 멋진 사례가 되었습니다.

02 예수님께서는 이번에 이 멋진 로마의 도시 가이사랴 빌립보로 가셨습니다. 그리고 화려한 신전이 즐비한 도시의 마당 한켠에서 제자들에게 "너희는 나를 누구라 하느냐"고 물으셨습니다. 세상의 권세를 모두 쥔 신들 앞에서, 그 신들이 차지한 땅 가나안을 적시는 요단

ping Pan, the god of agriculture and livestock. The temples were elegantly built in the region of Spring of Hermon under the upper city's cliff where the Jordan River originates. People always gathered in front of the temples symbolizing the power of earth and sky. People especially performed goat sacrifices in the origin of Jordan River praying for a plentiful year. The city, in a word, was magnificent. The city gave off its grandeur as if all things valuable of the world were gathered in center of the city. Caesarea Philippi not only acted as the regional center of the politics and economy, but also a splendid case of religious union between Greek and Roman.

02 This time, Jesus went to this polished Roman city of Caesarea Philippi. And in the corner of a city's courtyard filled with elegant temples, He asked the disciples "Who do you say that I am?" He asked the question in front of the gods holding the power of the world, and in the origin of the Jordan River which moisten the lands these gods possess. First, the disciples answered rather vaguely. However, the correct answer soon came from Peter.

088 하나님 나라를 전하는 길

강의 발원지 앞에서 제자들에게 물으신 것입니다. 제자들은 처음 모호하게 대답했습니다. 그러나 곧 정확한 답이 베드로에게서 나왔습니다. "주님은 그리스도시고 하나님의 아들이라"는 것입니다. 이 세상의 진정한 근원이며 이 세상의 진정한 주관자 그리고 구원자는 제우스나 아우구스투스 혹은 판신이 아니라 바로 하나님의 아들 예수라는 고백입니다.

03 그리스도인은 세상의 권력자들과 문화적 지배자들, 경제적 지배자들이 즐비한 도시 한복판에서 담대한 신앙고백을 외치는 사람들입니다. 그리스도인은 생명과 삶의 주관, 구원의 능력이 세상의 만들어진 존재들이 아닌 하나님의 아들 예수님께 있음을 선언하는 사람들입니다.

He stated "You are the Messiah, the Son of the living God." It is a confession that says the true origin, ruler, and Savior of the world is not Zeus, Augustus or Pan, but Jesus the Son of Living God.

03 Christians are people who boldly shout confessions of their faith in the middle of the city lined up with leaders, cultural and economical rulers of the world. Christians are people who proclaim that the power to life, overseeing living, and salvation is in Jesus, Son of God rather than a being made by the world.

가이사랴 빌립보의 묵상 Meditation at Caesarea Philippi

예수님과 함께 그 길에 서서 나의 어제와 오늘 그리고 내일을 묵상합시다.
Let's stand on the path with Jesus and meditate about our own yesterday, today, and tomorrow.

예수의 길 묵상 19
Path of Jesus Meditation 19

거라사
Gerasa

복음의 영역을 확장하신 자리

누가복음 8장 22-39절

The Place Where the Territory of the Gospel Was Expanded.

Luke 8:22-39

01 거라사는 요단강 동쪽 건너편 데가볼리(Decapolis) 지방 도시였습니다. 데가볼리는 헬라 사람들이 시리아와 요단강 건너편에 거주하면서 세운 헬라풍의 열 개 도시 가운데 하나입니다. 헬라 사람들은 알렉산더가 동방으로 원정을 떠난 이래 이곳에 내려와 정착하기 시작했습니다. 그리고 이집트, 페니키아와 시리아 그리고 메소포타미아 및 아라비아 등을 잇는 주요 무역 행위의 중심에 서게 됩니다. 헬라 사

01 Gerasa is a countryside city in the Decapolis region across the Jordan River in the eastern direction. Decapolis is one of the ten Hellenistic cities built by the Greeks living across Syria and the Jordan River. Greeks had been living in this place since Alexander the Great went on an expedition to the east. And then the city became the center of trading activities, connecting Egypt, Phoenicia, Syria, Mesopotamia and Arabian regions. At this time, Greeks formed ten trading cities and

람들은 이때 열 개의 무역 도시들을 만들고 그 연맹체를 형성하게 됩니다. 이오니아 일대에 식민도시들을 건설하듯 시리아 일대에도 자신들만의 식민 도시를 건설한 것입니다. 로마의 정복자들은 이 도시들과 도시민들을 우대했습니다. 그리고 그들의 사업과 종교와 문화가 번성하도록 했습니다. 데가볼리 헬라 사람들은 이런 상황을 이용해 주변 유대인을 포함한 원주민들에게 자신들의 정치, 종교, 문화적 우위를 앞세웠습니다. 유대인들이 빤히 보이는 곳 갈릴리 호수 건너편에서 그들의 주식재료인 돼지 떼를 키우는 일은 모욕적이기까지 했습니다. 결국 데가볼리와 거라사는 유대인에게 적대적인 곳이 되고 말았습니다. 한편, 마태복음은 예수님이 건너가신 곳을 마가복음과 누가복음의 거라사와 달리 갈릴리와 가까운 데가볼리 도시 '가다라'라는 지명으로 사용했습니다(마 8:28).

02 예수님께서 유대인들이 경멸하는 그 헬라의 땅으로 가셨습니다. 예수님께서 거라사 혹은

an alliance between them. Like how Greeks built colony cities around the Ionia regions, they built their own colony cities in the Syrian regions. Roman conquerors were hospitable to these cities and the citizens; they allowed the Greek business, religion, and culture to prosper. Greeks in Decapolis used these circumstances to put their superiority in politics, religion, and culture ahead of the ones of the Jewish and the native people. Back then, flocks of pigs were raised as the staple food of the Greeks. But the Greeks raised them across the Lake where the Jews can see. This action was very insulting to the Jewish. At the end, Decapolis and Kursi became a place of hostility for the Jewish. On the other hand, the book of Matthew uses the name 'Gadarenes', which was a Decapolis city near Galilee, instead of 'Gerasa' in the book of Mark and Luke (Matthew 8:28).

02 Jesus left for the Greek land hated by the Jewish. People say Jesus going to Gerasa is an act of missionary expansion. It means that the Gospel Jesus preached was expanded to the territory of the foreigners. In the same way Jesus did

가다라로 가신 것을 사람들은 선교적 확장이라고 말합니다. 예수님께서 선포하시는 복음의 지경이 이방인들의 영역으로 넓어졌음을 말하는 것입니다. 예수님께서는 그곳에서도 갈릴리 일대에서와 마찬가지로 귀신의 권세를 제어하시고 하나님의 놀라운 능력을 선보이셨습니다. 그리고 귀신들린 사람을 다시 그 땅에 파송하셔서 하나님 나라의 일들을 전하게 하셨습니다(눅 8:38-39).

03 그리스도인은 예수님을 따라 자신의 영적 지경을 넓히는 사람들입니다. 그리스도인은 주저 없이 갈릴리를 건너신 예수님을 따라 복음 선포의 새로운 선교적 영역으로 나아갈 줄 알아야 합니다. 주님과 함께 나아간 그 새로운 땅에서 그리스도인은 세상의 어두운 권세에 사로잡힌 영혼들을 구원하는 일, 그들을 새로운 선교의 사역자로 세우는 일에 헌신해야 합니다.

in the Galilee regions, He restrained the power of the demons and showed God's wondrous powers. And then He sent the once-possessed man to that region again to spread the words of the works in the Kingdom of God (Luke 8:38-39).

03 Christians are people who expand their spiritual boundaries as they follow Jesus. Christians must know how to move onto a new mission territory for the proclamation of the Gospel as Jesus had done. In the new land going with Jesus, we have to sacrifice ourselves in saving souls captured in the dark powers of the world and establishing them as new workers of the mission.

 이방 땅 거라사의 묵상   Meditation in Gerasa, the Foreigner's Land.

예수님과 함께 그 길에 서서 나의 어제와 오늘 그리고 내일을 묵상합시다.
Let's stand on the path with Jesus and meditate about our own yesterday, today, and tomorrow.

예수의 길 묵상 20
Path of Jesus Meditation 20

사마리아
Samaria

중심을 가르치신 자리

요한복음 4장 3-24절

The Place Where He Taught the Center

John 4:3-24

01 사마리아는 옛 북이스라엘의 영토였습니다. 그러나 이스라엘은 앗수르에 의해 멸망하고 그 땅의 사람들은 모두 사로잡혀갔다가 돌아왔으나, 강제 혼혈정책으로 하나님의 백성으로서 정체성을 상실하고 말았습니다. 사마리아인이라 불리는 사람들의 시작입니다. 이후 사마리아 사람들은 옛 북이스라엘 영토의 중심, 세겜 땅 주변에서 살았습니다. 그리고 그들만의 절기와 그들만의 성경을 읽었습니다. 사

01 Samaria was the territory of the old northern Kingdom of Israel. However, Israel was destroyed by Assyria and although all the people of the land were captured and released, they lost the identity as God's people through the forced interracial marriage policy. That was the beginning of the group of people called Samaritans. Afterwards, Samaritans lived in the land of Shechem, which was the center of the old Kingdom of Israel. They had their own holidays and read their own

마리아인들은 무엇보다 세겜땅 그리심산에 그들만의 성전을 지어 그곳에서 예배하기도 했습니다. 그러나 그들은 자신들의 성전과 성경이 얼마나 불완전한 것인지를 잘 알았습니다. 유대인들은 이런 사마리아인들을 멀리하고 경멸했습니다. 그리고 이들이 거주하는 땅을 가까이 하지 않았습니다. 결국 남쪽 유대 지방과 북쪽 갈릴리 지방 사이에 사마리아가 위치한 탓에 유대인들은 이 지방을 관통하는 옛 족장길 대신 여리고로 이어지는 요단강 협곡의 길을 선택했습니다. 유대인들은 어떻게 해서든 사마리아인을 폄훼했고 상종하지 말아야 할 대상으로 멸시했습니다.

02 예수님께서는 수로보니게와 거라사 보다 앞서서 사마리아를 방문하셨습니다. 예수님께서는 수가라는 곳 야곱의 우물에서 사마리아 여인을 만나셨습니다. 여인은 방황하는 영혼이었습니다. 예수님은 그 여인에게 더 이상 방황하지 말고 예수님이 주시는 생수를 마시라고 권하셨습니다. 그리고 예루살렘이나 그리

Bible. Above all, Samaritans built their own temple on Mount Gerizim in Shechem and worshipped there. But they knew how imperfect their own temple and Bible were. The Jewish despised and pushed away these Samaritans. And they did not go near the land where the Samaritans resided. Because the region was located between the southern Judea and northern Galilee regions, Jewish people, as a result, chose to use the road of Jordan River creeks that lead to Jericho rather than the Way of the Patriarch that traverses through Samaria. In any way possible, the Jewish disgraced the Samaritans and despised them as people not to be associated with.

02 Before visiting Gerasa or Syria Phoenicia, Jesus visited Samaria first. Jesus met a Samaritan woman at the Well of Jacob in a place called Sychar. She was a wandering soul. Jesus asked the woman to stop wandering and drink the water that Jesus gives. And He requested her not to go to Jerusalem or Gerizim, but to a worship place of the heart giving all of their heart and mind. The Samaritan woman changed immediately. She recov-

심산이 아닌 오직 신령과 진정으로 드리는 마음의 예배 자리로 나아갈 것을 요청하셨습니다. 사마리아 여인은 즉시 변했습니다. 그리고 오직 예수님을 통한 하나님 중심의 영적 삶으로 회복하고 부흥했습니다.

03 세상은 삶과 정신의 안정을 위해 다양한 도구와 방법을 제안합니다. 그러나 그 모든 것은 사마리아 여인의 다섯 남편들과 같은 것입니다. 세상의 어떤 것이 우리 영혼에 중심을 잡아줄 수는 없습니다. 우리 삶의 진정한 중심은 오직 예수 그리스도로부터 흘러넘치는 생수의 강물을 마시는 것, 하나님을 향한 신령과 진정의 신앙을 회복하는 일에서 가능합니다.

ered and was revived to have a God-centered spiritual life only through Jesus.

03 The world offers many tools and methods for the stability of mind and life. But all those are the same as the five husbands the Samaritan woman had. Nothing of this world can hold the center of our souls. The true center of our life is only possible through drinking the life water flowing from Jesus Christ, recovering the faith toward God in spirit and in truth.

사마리아 야곱의 우물의 묵상 Meditation of Samaria's Well of Jacob

예수님과 함께 그 길에 서서 나의 어제와 오늘 그리고 내일을 묵상합시다.
Let's stand on the path with Jesus and meditate about our own yesterday, today, and tomorrow.

진리의 빛으로 가신 길

제21일	예루살렘 성전-생명의 물을 베푸신 자리
제22일	한적한 곳-하나님과 만나신 자리
제23일	다른 마을-하나님의 나라를 두루 전하신 자리
제24일	갈릴리 바다: 질서를 세우신 자리
제25일	막달라-주만 바라보게 하신 자리
제26일	다볼산-십자가를 향하여 출발하는 자리
제27일	유대지경1-어린아이를 축복하신 자리
제28일	유대지경2-실천을 말씀하신 자리
제29일	유대지경3-빛으로 오신 자리
제30일	베데스다-인간을 사랑하신 자리

The Path He Went as the Truth and the Light

Day 21	Temple of Jerusalem - The Place Where He Gave the Water of Life
Day 22	A Tranquil Place - The Place Where He Met with God
Day 23	Other Village - The Place Where the News of God's Kingdom Was Spread Around
Day 24	Sea of Galilee - The Place Where He Established Order
Day 25	Magdalene - The Place Where We Only Look at Christ
Day 26	Mount Tabor - The Place to Start for the Cross
Day 27	Judean Boundary 1 - The Place Where He Blessed the Children
Day 28	Judean Boundary 2 - The Place Where He Told Us to Take an Action
Day 29	Judean Boundary 3 - The Place Where He Came as Light
Day 30	Bethesda - The Place Where Human Was Loved

예수의 길 묵상 21
Path of Jesus Meditation 21

예루살렘 성전
Jerusalem Temple

생명의 물을 베푸신 자리
요한복음 7장 37-38절
The Place Where He Gave the Water of Life
John 7:37-38

01 예수님 시대 유대인들은 유월절, 칠칠절과 초막절 등을 주요 절기로 지켰습니다. 구약의 출애굽 시대로부터 유래한 이 절기들은 하나님께서 이스라엘 백성들을 구원하시고 광야 가운데서 돌보신 은혜에 감사하며 지킨 신앙의 절기들이었습니다. 그런데 시간이 지나 새롭게 유대 땅에서 살아가면서 페르시아 포로시절, 헬라제국에 대항했던 마카비 독립전쟁 시기에 일어난 사건들과 관련된 절기 혹은 농사

01 The Jewish people during Jesus's time kept holidays such as the Passover, Shavuot, and the Feast of Tabernacles as major markings of the seasons. These holidays were kept as days of faith to thank God for the salvation and grace for caring the Israelites in the wilderness. But after some time living in the new Judean land, holidays related to the Persian captivity, the Maccabean Revolt fighting against the Hellenistic empire, or other farm-related holidays got included. The Festival of Dedication, Purim, the Feast

와 관련된 절기들이 포함되었습니다. '수전절'과 '부림절' 그리고 '무교절' 및 '초실절'과 '오순절' 등입니다. 이 가운데 초막절은 밀 수확을 마치고, 말하자면 한 해의 농사일을 모두 마치고 지키는 절기로, 지금도 '수코트(Sukkoth)'라고 불리며 유대인들이 지키는 큰 절기입니다. 유대인들은 장막절 한 주일 동안 나뭇가지들로 임시 장막을 만들고 그곳에서 하나님의 광야 생활 은혜를 나누며 보냈습니다. 흥미롭게도 예수님 시대의 성전 제사장들은 이 기간 내내 매일 실로암에서 물을 길어다 성전 제단 주변에 뿌렸습니다. 하나님께서 광야 생활 내내 물을 공급하신 것을 감사하는 동시에 한 해 농사에 물이 부족하지 않기를 소원하는 의식이었습니다. 유대인들은 이 초막절 마지막 날이 지난 8일 째 일반적으로 큰 성회를 가졌습니다. 유대인들은 절기 내내 성전 주변에 모여 성경을 나누고 한 해 하나님의 은혜의 단비를 소원하는 시간을 가졌습니다.

02 예수님께서는 예루살렘에 올라가 초막절을 지키시며

of Unleavened Bread, Feast of First Fruits, and the Feast of Pentecost were such examples. In midst of all this, the Feast of Tabernacles was the holiday observed after harvesting the wheat, which in another word, is the completion of the year's farm works. Even now, it is called "Sukkoth" and still is celebrated widely amongst the Jewish people. For the one week of the Feast of Ingathering (same as the above mentioned Sukkoth), Jewish people made a temporary tent out of branches and spent time in there sharing God's grace during the life in the wilderness. Interestingly during this holiday, the temple priests during the Jesus's time drew water from the Siloam and sprinkled it around the temple altar. It was a ritual thanking God for providing water throughout the wilderness life and at the same time, wishing for water to be plenty in the year's farming. nerally had a large assembly. Throughout the holiday, Jewish gathered around the temple, spent time sharing the Bible with each other, and wished for God's grace in the much-needed rain for the year.

02 As Jesus kept the Feast of the Tabernacle after traveling up to

그 기간 내내 성전에서 가르치셨습니다. 그리고 명절 마지막 큰 성회로 모이는 날 성전과 예루살렘에 모인 유대인들을 향하여 "누구든지 목마르거든 내게로 와서 마시라"고 선포하시며 "나를 믿는 자는 생수의 강이 흘러나올 것"이라고 외치셨습니다. 에스겔서 47장이 떠오르는 대목입니다. 예수님을 믿는 사람들에게는 한 해 뿐 아니라 평생 목마르지 않을 것이며 은혜의 물이 차고 넘치게 되리라는 것입니다.

03 현대인은 늘 목마릅니다. 늘 갈증을 느끼는 삶이 바로 현대 문명 가운데 우리의 삶입니다. 그러나 그리스도인은 갈급하지 않습니다. 그리스도인은 하늘 은혜의 단비로 풍성한 삶을 살아갑니다. 그리스도인은 예수 그리스도로부터 흐르는 생수가 차고 넘치는 은혜를 경험하는 사람들입니다.

Jerusalem, He taught in the temple throughout the Feast. And on the last day of the Feast when the large assembly was gathered, Jesus proclaimed "let anyone who is thirsty come to me and drink" and shouted "Whoever believes in me…rivers of living water will flow from them" to all the Jewish people gathered at the temple and Jerusalem. This was the passage that comes from Ezekiel Chapter 47. It meant that people believing in Jesus will not be thirsty, let alone a year, but for all of their lives and the water of grace will fill up and overflow.

03 The modern people are always thirsty. The life of constantly feeling thirst describes our lives in midst of today's modern civilization. But Christians are not irritable. Christians live an abundant life in the sweet rain of heavenly grace. Christians are people who experience the grace of the flowing life-water filling and overflowing in their lives through Jesus Christ.

예루살렘 성전의 생수를 소망하는 묵상
Meditation in the Jerusalem Temple, Hoping for the Life-Giving Water

예수님과 함께 그 길에 서서 나의 어제와 오늘 그리고 내일을 묵상합시다.
Let's stand on the path with Jesus and meditate about our own yesterday, today, and tomorrow.

The Path He Went as the Truth and the Light

예수의 길 묵상 22
Path of Jesus Meditation 22

한적한 곳
A Tranquil Place

하나님과 만나신 자리
누가복음 5장 15-16절

The Place Where He Met with God
Luke 5: 15-16

01 하나님의 사람들은 광야든, 들판이든 언제나 한적한 곳에서 하나님을 만났습니다. 이삭은 저녁이 되었을 때, 한적한 들에 나가 묵상하는 시간을 가졌습니다(창 24:63). 모세는 광야 한가운데 하나님의 산에 이르러 거기서 하나님을 만났습니다(출 3:1). 엘리야는 브엘세바에서 광야로 하루를 나아가 거기 로뎀나무에서 하나님을 만났습니다(왕상 19:4). 성경에서 '광야'는 하나님을 만나는 곳입니다. 하나

01 God's people met God in a tranquil place, whether that be a desert or a field. For Isaac, he reserved time for meditating in a secluded field when the evening came (Genesis 24:63). Moses met God, arriving at the Mountain of God in middle of the wilderness (Exodus 3:1). Elijah met God at a broom bush at a day's trip away from Beersheba (1 Kings 19:4). In the Bible, "the wilderness" was the place to meet God. God led His people to the wilderness so that they could escape the

은 이 광야에서 인생의 분주함과 복잡한 현실을 벗어나 오직 하나님만 만나고 경험할 수 있도록 당신의 사람들을 인도하셨습니다. 흥미롭게도 구약의 하나님 만남 장소인 '광야'는 신약에 와서 '한적한 곳'이라는 말로 사용되었습니다. 이 한적한 곳의 헬라어는 '에레모스(eremos)'인데 히브리어로 된 구약성경의 '광야(midbar)'와 같은 말입니다. 사실 갈릴리 일대에는 이스라엘 남쪽에 펼쳐진 황량한 '광야'가 존재하지 않습니다. 신약성경을 기록한 분들은 구약성경 '광야'의 의미를 단어 그대로 가져와 '한적한 곳'으로 사용했습니다. 결국 신약성경에서 자주 등장하는 단어 '한적한 곳'은 사역과 분주함으로부터 물러나 하나님을 경험하고 하나님의 말씀을 듣는 곳을 의미합니다.

02 예수님은 사역하시는 내내 '한적한 곳'을 활용하셨습니다. 예수님은 갈릴리를 포함한 모든 곳에서 사역하시는 중간마다 습관적으로 한적한 곳으로 가셔서 기도하시는 가운데 하나님을 경험하

busy and complicated reality; they were able to only focus on God and experience Him. Interestingly, the wilderness, which was the place of meeting God in the Old Testament, was used as the word for "tranquil place" in the New Testament. The Hellenistic word for "tranquil place" is "eremos" and is the same word as "midbar" used for describing the wilderness in the Old Testament in Hebrew. In reality, there were no barren "wilderness" near regions around Galilee like the ones in southern Israel. People who recorded the New Testament brought the meaning of "wilderness" in the Old Testament and used it as "tranquil place." As a result, the phrase 'tranquil place'" that appears frequently in the New Testament is a place to retreat from ministry and business to experience God and hear His words.

02 Jesus utilized the "tranquil place" throughout His ministry. While in the middle of ministering in every region including Galilee, He habitually went to a tranquil place and experienced God in midst of prayer. Like how resting after retreating was as important to God after the

고 만났습니다. 하나님에게 창조만큼이나 물러나 쉬시는 안식이 중요했던 것처럼 예수님 역시 사역만큼이나 한적한 곳으로 물러나는 일은 중요한 것이었습니다.

03 그리스도인은 한적한 곳, 광야에서 하나님을 경험합니다. 그래서 그리스도인은 습관적으로 한적한 곳으로 물러나 안식과 묵상의 시간을 가져야 합니다. 분주하게 일하고 사역하는 것만이 그리스도인의 삶의 전부는 아닙니다. 규칙적으로 한적한 곳을 찾아 하나님과 대화하는 것 역시 더욱 깊어지고 풍성해지는 영적 삶의 방식입니다.

genesis, Jesus also considered retreating to a quiet place as important as the ministry itself.

03 In the tranquil place, in the wilderness, Christians experience God. Thus, Christians need to have a habitual time of rest and meditation retreating to a tranquil place. Busily working and ministering are not the entirety of a Christian's life. Regularly finding a tranquil place to converse with God is a way for a deeper and more abundant spiritual life.

한적한 곳의 묵상 Meditation at a Tranquil Place

예수님과 함께 그 길에 서서 나의 어제와 오늘 그리고 내일을 묵상합시다.
Let's stand on the path with Jesus and meditate about our own yesterday, today, and tomorrow.

예수의 길 묵상 23
Path of Jesus Meditation 23

다른 마을
Other Village

하나님의 나라를 두루 전하신 자리
누가복음 9장 56-62절

The Place Where the News of God's Kingdom Was Spread Around
Luke 9:56-62

01 예수님 시절 갈릴리는 여러 모로 복잡했습니다. 갈릴리는 로마의 정복지이나 헤롯 왕조의 직접 통치를 받는 곳이었고, 영내에 로마인들의 도시와 헬라인들의 도시 그리고 유대인들의 거주지 등으로 복잡하게 얽혀있었습니다. 로마인들의 정치·경제적 지배와 헤롯 왕조의 의미 없는 통치, 헬라인들의 우월의식에 더하여 예루살렘을 중심으로 하는 유대 지배자들의 대놓고 벌이는 차별이 갈릴리 사람들의 일

01 At the time of Jesus, Galilee was a place of complication. While Galilee was conquered by Rome, the area was under the rule of Herodian dynasty; the territory was entangled with Roman and Hellenic cities as well as areas of Jewish residence. The Roman political and economical rule, the meaningless reign of the Herodian dynasty, the Greek's haughtiness and the obvious discrimination by the Judean leaders centered around Jerusalem affected many of the daily lives

상에 많은 영향을 끼쳤습니다. 이들은 지배하며 징수하고, 통치하며 빼앗아가고, 멸시하고 차별하며 수탈했습니다. 지배하고 통치하는 이들은 많으나 돌봐주는 이들은 없는 곳이 바로 갈릴리였습니다. 그래서인지 갈릴리에는 메시아의 도래를 소망하는 갈망들이 마을마다, 도시마다 가득했습니다. 실제로 갈릴리는 많은 자칭 메시아들로 유명했습니다. 후대의 유대 역사가 요세푸스는 이즈음 갈릴리 풍광을 이렇게 기록했습니다. "자고 일어나면 한 젊은이가 스스로 메시아라 외치고 다녔다." 예수님 시절 갈릴리 사람들은 혼란스럽고 복잡한 상황, 기댈 곳 없는 현실에서 구세주를 기대하고 소망했습니다.

02 예수님께서는 절망과 어둠 속에서 메시아를 갈망하는 갈릴리를 두루 다니셨습니다. 예수님께서는 가버나움이나 벳새다 혹은 가나와 같은 관계가 있고 친근한 특정 마을만 다니지 않으셨습니다. 예수님께서는 다니셔야 할 곳과 찾아가셔야 할 곳을 모두 다니셨습니다

of the people in Galilee. They levied taxes while ruling, robbed while governing, despised, and discriminated while exploited. Galilee was the place with many who ruled and governed, but none who cared for the people. Perhaps because of that, there were many longing and hoping for the coming of the Messiah in every village and city of Galilee. There were actually many self-proclaimed Messiahs in Galilee. Later, Judean historian Josephus recorded the scene of Galilee at that time. "When waking up, a young man shouted around that he himself was the Messiah." In the days of Jesus, people of Galilee eagerly looked forward to and hoped for the Messiah in the confusing, complex situation of the reality that they cannot rest on.

02 Jesus traveled throughout Galilee where the people in despair and darkness were in thirst for the Messiah. Jesus did not only travel to towns with relations or familiarity like Capernaum, Bethsaida or Cana. Jesus went to all the places He had to seek for and travel through. Not only that, Jesus sent His disciples to towns He meant to go and had

The Path He Went as the Truth and the Light 109

다. 그뿐 아니었습니다. 예수님은 당신이 가시려 했던 동네들에 제자들을 파송하셔서 하나님 나라를 전하게 하시고 또 병자들을 낫게 하셨습니다(눅 10:1-20). 그러나 안타깝게도 예수님의 몇몇 제자들은 때로 예수님의 행보를 따를 수 없었습니다. 그들은 이래저래 핑계를 대며 예수님이 가시고자 하는 여러 다른 동네에 동행하지 않았습니다.

03 지금도 하나님의 구원을 바라는 형제와 자매들이 어둠과 절망 속에 있습니다. 예수님께서는 우리 그리스도인들, 제자들에게 그 어둔 곳, 절망이 드리운 곳으로 가서 당신의 복음을 전하라 말씀하십니다. 우리가 사는 동네, 사회, 세상에는 여전히 예수님께서 가시려던 '다른 마을'이 있습니다. 이제 우리 그리스도인은 주께서 우리를 보내시는 음성을 들어야 합니다.

them spread the Kingdom of God and heal the sick (Luke 10:1-20). But regrettably, some of Jesus's disciples could not follow Jesus's steps. Giving various excuses, they did not accompany Jesus on some other towns He wished to go.

03 Even now, there are brothers and sisters in darkness and despair who are desiring salvation of Christ. Jesus calls us Christians and disciples to spread His Gospel in places where darkness and hopelessness is abundant. In the neighborhood, society, and world we live in, there are still 'other towns' Jesus wished to go. Now we, Christians, must hear the voice from Christ that sends us to those places.

 다른 마을을 향한 파송의 묵상 Meditation of Dispatch for the Other Villages

예수님과 함께 그 길에 서서 나의 어제와 오늘 그리고 내일을 묵상합시다.
Let's stand on the path with Jesus and meditate about our own yesterday, today, and tomorrow.

예수의 길 묵상 24
Path of Jesus Meditation 24

갈릴리 바다
Sea of Galilee

질서를 세우신 자리
마가복음 4장 35-41절
The Place Where He Established Order
Mark 4:35-41

01 갈릴리 호수는 헐몬산 아래에서 발원하여 흐르는 요단강 줄기에 있는 호수입니다. 둘레가 약 53킬로미터이고 평균깊이는 약 25미터 정도 됩니다. 갈릴리 호수는 해수면보다 약 200미터 정도 낮은 곳에 위치해 있습니다. 호수에는 여러 이름이 있었는데 우선 '긴네렛(Kinneret)'이라는 이름은 호수 모양이 하프를 닮았다고 해서 붙여진 히브리어 이름입니다(민 34:11, 수 13:27). 훨씬 후대에 쓰인 '게네사렛

01 The Sea of Galilee is a lake that starts from Mount Hermon, located in the course of Jordan River. The circumference is approximately 53 kilometers, and average depth is about 25 meters. Lake Galilee is located about 200 meters below sea level. The lake had many names, one being 'Kinneret,' a Hebrew name originating from the lake's harp-like shape (Numbers 34:11, Joshua 13:27). The name 'Gennesaret' used further down the timeline originated from a field on the west

(Gennesaret)은 호수 서쪽에 있는 평지, 기노사르(Ginosar)에서 유래한 말인데 이것 역시 긴네렛에서 온 말입니다. 예수님 시절 사람들은 이 호수를 디베랴 바다(Sea of Tiberias)라고 부르거나 갈릴리 바다(Sea of Galilee)라고 불렀습니다. 디베랴는 헤롯 안티파터가 티베리우스 황제를 위해 지은 도시 티베리아스가 호수 서편에 자리 잡은 후 붙여진 이름이고, 갈릴리 호수는 주변 일대를 갈릴리라 부르게 되면서 붙여진 이름입니다. 그런데 갈릴리는 가끔 풍랑이 일어나 지나는 배들을 곤란스럽게 합니다. 이런 일은 동풍이 부는 겨울과 봄에 자주 일어납니다. 해발 고도가 높은 골란고원의 달궈진 공기가 거의 절벽에 가까운 호숫가를 지나 해수면보다 낮은 곳으로 내려가며 급한 바람으로 바뀌면서 나타나는 현상입니다. 바람은 매우 셀 때가 있어서 작은 배는 전복되기도 합니다.

02 갈릴리 호수에 익숙한 어부들조차도 한밤중 갑자기 일어난 풍랑에 어찌할 바를 몰랐습니다. 그들은 배 위에서 주무시고 계신

side of the lake called Ginosar. This name, too, came from 'Kinneret.' At the time of Jesus, people called this lake Sea of Tiberias or Sea of Galilee. Name Tiberias came from the city Tiberias that was built by Herod Antipater for Emperor Tiberius on the west side of the lake; name Galilee came from the fact that the nearby regions were called Galilee. But time to time, Galilee put the boats in difficult times when storms occasionally brewed in Galilee. Such events happen frequently during winter and spring when the east wind blows. The phenomenon occurs with the warmed air from high-altitude Golan Heights passing by a cliff-like lakeside to lower altitude than sea level, turning into a swift wind. The wind can get very strong, sometimes overturning small boats.

02 Even the fishermen, who are familiar with Lake Galilee, were at a loss of what to do when a sudden storm brewed in the middle of the night. They woke up Jesus who was sleeping on the boat. Then Jesus rebuked the wind and waves of the lake "Quiet! Be Still! (NIV)." Then the wind and waves of the lake soon

예수님을 깨웠습니다. 그러자 예수님께서는 곧 호수의 바람과 파도를 향해 "잠잠하라 고요하라"고 말씀하셨습니다. 그러자 곧 호수의 바람과 파도는 잔잔해지고 고요해졌습니다. 세상 모든 피조물들을 혼돈과 공허함이 아닌 질서로 인도하신 창조주의 모습을 보이신 것입니다(창 1:2). 예수님은 혼란스러운 피조세계에 창조의 질서를 부여하시는 하나님이십니다.

03 하나님은 세상의 혼돈 위를 운행하시며 당신의 구원 질서를 부여하신 분이십니다. 삶이 혼란스러워 가야 할 바를 알지 못하고 두려울 때 우리는 우리 인생의 배에 예수님이 동행하고 계심을 알아야 합니다. 예수님은 당신의 세상을 창조하신 능력으로 우리 삶의 풍랑을 순간 잠재우십니다.

became calm and still. He showed the appearance of the Creator who leads all the creations of the world not to chaos and emptiness, but to order (Genesis 1:2). Jesus is the God who gives creation's order in the chaotic world of His creation.

03 God is the One who works above the world's chaos while giving you the order of salvation. When we are afraid not knowing where to go because of life's confusion, we must know that Jesus accompanies us in the boat of life. Jesus quickly calms the storm of our lives with the powers He used to created our world.

갈릴리 바다 위 묵상 Meditation Above the Sea of Galilee

예수님과 함께 그 길에 서서 나의 어제와 오늘 그리고 내일을 묵상합시다.
Let's stand on the path with Jesus and meditate about our own yesterday, today, and tomorrow.

예수의 길 묵상 25
Path of Jesus Meditation 25

막달라
Magdalene

주만 바라보게 하신 자리
누가복음 8장 1-3절
The Place Where We Only Look at Christ
Luke 8:1-3

01 막달라는 '탑'이란 뜻을 가진 아람어로 갈릴리 서쪽 해변 도시들인 기노사르와 티베리아스와 가까운 곳에 위치한 도시였습니다. 히브리말로는 미그달(Migdal)이라고 불리는 곳입니다. 막달라는 로마통치하 갈릴리 일대에서 확연하게 갈릴리 서쪽을 대표하는 도시였습니다. 원래는 갈릴리 해변에서 정치와 경제 및 산업 모두를 아우르는 중요한 곳이었으나 주후 20년 경 헤롯 안티파터가 티베리아스를 건

01 Magdalene, meaning 'tower' in Aramaic, was a city located near the western beachside cities of Ginosar and Tiberias. The location was called Migdal in Hebrews. Magdalene was a city representing the western regions of Galilee under Roman rule. Originally, it was an important place that merged politics, economy and industry of the Galilean beach, but around 20 A.D. as Tiberias was being constructed by Herod Antipater, some of the political and economical activities were

설하면서 정치와 경제의 일부분은 그 황제의 이름을 딴 도시에 내어주었습니다. 정치적으로는 티베리아스가 건설된 뒤에도 막달라는 여전히 산업으로 중요한 곳이었습니다. 일단 막달라는 가버나움이나 벳새다 같은 곳에서 수확하여 모여든 수산물들을 가공하는 곳으로 유명했습니다. 그래서 남쪽 예루살렘이나 헤브론, 더 나아가 남부 광야의 도시들에서도 이곳에서 가공한 염장한 수산물들을 식탁에서 즐겨 애용했다고 합니다.

02 한번은 예수님께서 이곳 막달라에 들르신 적이 있습니다. 예수님께서는 이곳에서 마리아라는 여인을 만나셨습니다. 여인은 이곳 출신으로 일곱 악한 영에게 사로잡혀 고통받았습니다. 예수님께서는 그녀를 구해주셨습니다. 그리고 여인은 예수님을 따랐습니다. 아마도 예수님 최초의 여성 제자였을 것입니다. 일곱 영에 의해 시달리며 여러 모습을 보이던 마리아는 치유 받은 후 오직 예수님만 바라보는 충실한 제자가 되었습니다. 그녀는 언

given to Tiberias. In terms of politics, even after Tiberias was constructed, Magdalene maintained its significance in industry. First, Magdalene was famous for processing the marine products gathered and harvested from Capernaum or Bethsaida. So the processed salted marine products were popularly enjoyed on the dinner tables of southern Israel, Hebron, and even cities of the southern wilderness.

02 One time, Jesus had paid a visit to Magdalene. Here, Jesus met a woman named Maria. The woman from this town was in pain, captured by seven evil spirits. Jesus rescued her from them and she followed after Jesus. Perhaps she was Jesus's first female disciple. Struggling with the seven spirits, Maria, who showed many forms during her possession, became a faithful disciple and only looked to Jesus after she was cured. She always accompanied Jesus even the places where all the other disciples left Him; she even kept her place at Golgotha, Jesus's crucifixion site (Matthew 27:57). She is recorded in the Bible as the first person to witness and testify about the resurrected Jesus (Mark 16:9,

제나 예수님과 동행했는데 심지어 다른 제자들은 모두 떠난 자리, 예수님의 십자가 처형장인 골고다에서도 자리를 지켰습니다(마 27:57). 그리고 예수님이 부활하신 모습을 최초로 목격하여 증언한 사람으로 성경에 기록되었습니다(막 16:9, 요 20:1-6). 그녀는 참으로 예수 그리스도를 중심으로 하는 온전하여 일관된 삶을 산 제자였습니다.

03 우리의 삶은 마치 일곱 영에 홀린 마리아처럼 어딘가 분주하면서도 그 일관성을 상실한 것과 같습니다. 그러나 만일 예수님을 만난다면, 우리 삶에는 오직 주님을 중심으로 하는 일관성이 회복될 것입니다. 오늘 우리를 한뜻으로 굳건하게 세우시는 예수 그리스도를 만나고 그분의 은혜를 경험합시다.

John 20:1-6). She was a disciple who truly lived a Christ-centered life, whole and consistent.

03 Our lives are like Maria possessed by the seven spirits; somehow busy but losing consistency. But if we meet Jesus, the consistency centering Jesus in our lives will be restored. Today, let us experience meeting Jesus Christ and his grace that establishes us in one spirit.

막달라의 묵상 Meditation in Magdalene

예수님과 함께 그 길에 서서 나의 어제와 오늘 그리고 내일을 묵상합시다.
Let's stand on the path with Jesus and meditate about our own yesterday, today, and tomorrow.

> 예수의 길 묵상 26
> Path of Jesus Meditation 26

다볼산
Mount Tabor

십자가를 향하여 출발하는 자리
마태복음 17장 1-8절
The Place to Start for the Cross
Matthew 17:1-8

01 다볼산은 갈릴리 호수 남서쪽 나사렛보다 아랫녘에 위치한 산입니다. 나사렛 산지보다 높았는데 그 높이는 약 580미터 정도이고 이스르엘 골짜기가 끝나고 평원이 시작되는 지점에 있어서 우뚝 솟은 것처럼 보이는 산입니다. 덕분에 사방 전망이 좋아 역사 내내 많은 군사 전략가들은 이 산에 요새와 망대를 세워두었습니다. 여호수아는 이 산을 경계로 납달리와 스불론과 잇사갈 지파의 경계를 구분했습니

01 Mount Tabor is a mountain located more south of Nazareth, southwest of Lake Galilee. It is higher than the mountainous area of Nazareth with its height of approximately 580 meters. The mountain appears to be a towering mountain because it is located at the position where Jezreel Valley ends and a plain starts. Because of that, the mountain has excellent viewpoints and throughout history, many military strategists built forts and watchtowers on this mountain. Joshua separated

다(수 19:12,22,34). 사사 드보라는 바락과 더불어 이스라엘의 군사를 이곳에 모으고 여기서 야빈의 군대 장관 시스라와 전투를 벌였습니다(삿 4:6-14) 이 산의 범상치 못한 모양새 때문에 예로부터 시편의 시인들은 이 산을 헐몬산과 함께 하나님의 위엄과 영광이 드러나는 곳으로 표현하기도 했습니다(시 89:12). 성경이 적시하지 않았음에도 사람들은 이 산이 예수님께서 변화하신 산이라고도 말합니다.

02 예수님께서 베드로와 요한 그리고 야고보와 더불어 이 전망 좋은 산에 오르셨습니다. 예수님께서는 이 산에서 제자들에게 놀라운 모습을 보이셨습니다. 얼굴과 옷이 해 같이 빛나는 모습으로 변형되신 것입니다. 그리고 구약의 중요한 인물들, 모세와 엘리야와 더불어 무언가를 의논하는 모습을 보이셨습니다. 이제 하나님의 뜻을 이루며 구약의 예언을 성취하는 메시아로서 사역을 시작하시는 것입니다. 십자가의 길을 말합니다. 흥미롭게도 상황이 이렇게 되자 베드로는 얼마

the borders of Naphtali, Zebulun, and Issachar tribe by using the mountain as a boundary (Joshua 19:12,22,34). Judge Deborah, along with Barak, gathered the army of Israel here and engaged in battle against the army commander Sisera of Jael. Because of the extraordinary shape of the mountain, psalmists from the old times expressed this mountain along with Mount Hermon as the place revealing God's majesty and glory (Psalms 89:12). Although not pinpointed in the Bible, people do say that this is the mountain in which Jesus changed His form.

02 Jesus climbed this scenic mountain with Peter, John and Jacob and showed an astonishing appearance. His face and clothes were changed to a form that shined like the sun. And, with Moses and Elijah, the important people of the Old Testament, Jesus showed Himself having a discussion with them to the disciples. Now He had begun His ministry as the Messiah who fulfills God's purpose and the prophecy of the Old Testament. This meant the path of the cross. Interestingly, as if to make up for his mistake in Cae-

전 가이사랴 빌립보에서의 실수를 만회하려는 듯, "주여 우리가 여기 있는 것이 좋사오니 만일 주께서 원하시면 내가 여기서 초막 셋을 짓겠습니다."라고 말합니다. 베드로는 여기서 다시 한 번 예수님을 따르기보다 자기 판단을 앞세우는 실수를 합니다.

03 그리스도인은 지극히 순종하는 마음으로 십자가를 향한 예수님의 길을 따르는 사람들입니다. 그리스도인은 자기중심의 좌표를 가지고 그 자리에 눌러 앉은 채 예수님과 동행한다고 말하지 말아야 합니다. 먼저 가시는 분은 주님되신 예수님이시고 그 뒤를 순종하는 마음으로 따르는 것이 제자입니다.

sarea-Philippi, Peter stated "Master, it is good for us to be here. Let us put up three shelters." Again, Peter made the mistake of putting his own judgment ahead of following Jesus.

03 Christians are people who follow the path of Jesus with a very obedient heart toward the cross. Christians must not have self-centered coordinates and expect to follow Jesus while settling down in your spot. The first to go is Christ Jesus and those that follow Him with obedient hearts are the disciples.

다볼산에서의 묵상 Meditation at Mount Tabor

예수님과 함께 그 길에 서서 나의 어제와 오늘 그리고 내일을 묵상합시다.
Let's stand on the path with Jesus and meditate about our own yesterday, today, and tomorrow.

예수의 길 묵상 27
Path of Jesus Meditation 27

유대 지경1
Judean Boundary1

어린아이를 축복하신 자리
마태복음 19장 1-15절

The Place Where He Blessed the Children
Matthew 19:1-15

01 유대인들은 바벨론과 페르시아의 포로생활을 끝내고 예루살렘으로 돌아왔습니다. 에스라와 느헤미야를 비롯한 지도자들과 학개, 스가랴, 말라기 등의 선지자들은 포로생활에서 돌아온 유대인들이 하나님을 향한 바른 신앙을 갖기를 바랐습니다. 첫 귀환자 스룹바벨보다 한참 후에 돌아온 에스라는 예루살렘과 유대의 하나님을 향한 바른 신앙 회복을 위해 옛 다윗성 기드론 골짜기 아래 실로암 물을 빼

01 Jewish people returned to Jerusalem after captivity in Babylon and Persia. The leaders, Ezra and Nehemiah, and the prophets Haggai, Zechariah, and Malachi wished the Jewish who returned from life of captivity to have an upright faith toward God. For the Israelites' upright recovery in faith toward God, Ezra, who returned a long time after first returnee Zerubbabel, had a chance of holding a spiritual revival. The revival was held in the square before the Water Gate that draws water from the

는 수문이 있는 큰 마당에서 신앙 부흥의 기회를 가졌습니다(느 8장). 이 때 수문 앞에 모인 유대인들은 크게 회개하고 하나님을 향한 바른 신앙 생활을 다시 한 번 다짐했습니다. 그러나 안타깝게도 이 회개와 회복은 오래가지 못했습니다. 스룹바벨을 비롯한 귀환 지도자들과 선지자들의 각고의 노력에도 유대 인들은 다시 하나님을 멀리하고 하나님의 말씀에 불순종하기 시작했습니다. 그들은 회복한 예루살렘과 성전에서 하나님의 말씀을 순리대로 받아들이지 않았습니다. 그들은 율법을 준수하기보다 제멋대로인 해석을 앞세웠습니다. 그들은 성전을 하나님을 만나고 경험하는 곳으로서 보다는 그들의 권세를 지키기 위한 도구로 삼았습니다. 유대 지경에는 경직되고 권위적인 종교 행위와 해석들만 가득했습니다.

02 예수님께서 여리고를 지나 자기들의 권세를 앞세우는 종교행위들이 가득한 유대 지경에 들어가셨습니다. 그곳에서 예수님은 어김없이 바리새인들의 질문 공세에 시

Pool of Siloam under Kidron valley near David's castle (Nehemiah 8). Jews gathered in front of the Watergate intensely repented and pledged once again for a straight life of faith toward God. Unfortunately, the repentance and recovery did not last very long. Even with the hard-worked efforts of return leaders and prophets like Zerubbabel, the Jewish once again strayed away from the Lord and became disobedient to God's Words. In the recovered Jerusalem and temple, they did not accept God's Words as the law. Rather than obeying the commandments, they preceded with their own interpretation. Rather than a place to meet and experience God, they used the temple as a tool to keep their authority. The boundaries of Israel were full of rigid and authoritative religious rituals and interpretations.

02 Passing by Jericho, Jesus went into the Judean borders full of religious acts that preceded their personal authority. There, without fail, Jesus was again pestered by Pharisees' aggressive questions. Their questions and discussions were egocentric and rigorous. They lost

달리셨습니다. 그들의 질문과 토론은 지극히 자기중심적이었고 경직되었습니다. 그들은 하나님을 사랑하고 이웃을 사랑하라는 십계명의 핵심을 상실했습니다. 예수님께서는 그들의 완악함을 보셨습니다. 그런데 그들과 토론을 거듭하시던 예수님께서 주변에 있던 어린아이를 안으셨습니다. 그리고 이렇게 말씀하셨습니다. "천국이 이런 사람의 것이니라." 과연 예수님은 하나님의 말씀과 계명 그리고 성전을 어린아이의 순전함으로 받드는 이들을 귀하게 여기셨습니다.

03 우리가 사는 세상은 툭하면 교만하여 진리를 왜곡하고 자기 이익을 앞세우는 곳입니다. 온통 거짓과 왜곡이 가득한 곳에서 우리 그리스도인은 여전히 어린아이와 같은 순전함을 지킬 줄 알아야 합니다. 어린아이다움을 지키는 것, 유대지경 같은 이 세상을 사는 우리에게 온전한 구원을 위한 중요한 삶의 방식입니다.

the core of the Ten Commandments, to love God and love your neighbors. Jesus saw their wickedness. But as Jesus continued the debate with them, He held a young child. And He said: "Kingdom of Heaven belongs to those who are like these children (ESV)" Indeed, Jesus treasures those who receive God's Words, Commandments, and temple with the pureness of a child.

03 The world we live in is a place that easily distorts the truth with pride and puts their personal benefit first. In the place entirely full of lies and distortion, we Christians still must know how to keep the purity like a child. Keeping our pureness as children is the important way of life for us who live in the world for wholesome salvation.

 어린아이를 축복하신 자리의 묵상 Meditation of the Place Where He Blessed the Children.

예수님과 함께 그 길에 서서 나의 어제와 오늘 그리고 내일을 묵상합시다.
Let's stand on the path with Jesus and meditate about our own yesterday, today, and tomorrow.

예수의 길 묵상 28
Path of Jesus Meditation 28

유대 지경2
Judean Boundary2

실천을 말씀하신 자리
마가복음 10장 17-25절
The Place Where He Told Us to Take an Action
Mark 10:17-25

01 예수님 시대 예루살렘은 점차 유대교의 종교적 중심지로서 제대로 된 면모를 갖추기 시작했습니다. 마카비 가문과 헤롯에 의해 더욱 크게 증축된 예루살렘 성전 때문이기도 하지만, 이때 예루살렘에는 그야말로 무수히 많은 회당들과 율법학교들이 세워졌습니다. 유대 땅뿐만 아니라 세계 곳곳에 흩어져 있던 디아스포라 유대인들이 예루살렘의 율법학교에 모여들었고 그들의 회당을 세우기도 했습니다.

01 Jerusalem in Jesus's time started acquiring the looks as the religious center of Judaism. Although this was because of the expanded temple of Jerusalem by Herod and the Maccabees, during this time, countless number of synagogues and commandment schools were built. Diaspora Jews, who were not only scattered in the Judean lands, but also scattered all over the world, would gather in the commandment school of Jerusalem and build synagogues of their own. Above all else,

무엇보다 예루살렘의 회당과 학교들에는 화려한 경력과 지혜를 갖춘 훌륭한 스승들이 많이 있었습니다. 샴마이(Shammai)와 힐렐(Hillel) 그리고 힐렐의 제자인 가말리엘(Rabban Gamaliel I, 행 5:34)같은 이들이 대표적이었습니다. 많은 젊은이들이 이 예루살렘의 현명한 지도자들에게서 진리를 배우고 익히는 일에 매진했습니다. 바울이나 마가 같은 젊은이들이 그랬습니다. 그들은 부유한 집안에서 태어나 예루살렘으로 와 율법과 말씀을 배웠습니다. 특히 바울은 가말리엘 문하에서 배운 전형적인 바리새인이었습니다(행 21:39).

02 예수님께서 유대 지경을 다니실 때 부자청년 하나를 만났습니다. 청년은 예수님께 '영생'을 구했습니다. 그러자 예수님께서는 청년에게 '네가 이미 다 배우고 알고 왔다'고 전제하시고 "네게 있는 것을 다 팔아 가난한 자들에게 주라 그리하면 하늘에서 보화가 네게 있으리라 그리고 와서 나를 따르라"고 제안하셨습니다. 예루살렘의 그 많은 학교와 회당 그리고 스승들에게

there were many great teachers who had a brilliant career and wisdom in the schools and synagogues of Jerusalem. Shammai, Hillel, and Rabban Gamaliel I, who was Hillel's disciple, were some of the exemplary scholars (Acts 5:34). Many young people strived to learn and master the Truth under the wise leaders of Jerusalem. Paul and Mark were some of the young people who studied here. They were born into a wealthy family and came to Jerusalem to study the Commandments and the Words. Especially Paul was a traditional Pharisee who learned under the guidance of Gamaliel (Acts 21:39).

02 Jesus met a young rich man while traveling the Judeans boundaries. The young man asked Jesus for 'eternal life.' Then Jesus premised to the young man that he had "learned everything and you came to be acknowledged" and suggested "Go, sell everything you have and give to the poor, and you will have treasure in heaven. Then come, follow me." Jesus suggested the path to the Truth to the man. Although the man had learned many things from the great number of schools,

서 많은 것을 배웠으나 정작 한 가지, 하나님의 말씀을 실천하고 그 말씀의 정수인 예수님을 따르는 일을 아직 못하고 있는 청년에게 진리의 길을 제안하신 것입니다. 안타깝게도 성경은 그 청년이 '슬픈 기색을 띠고 근심하며 갔다'고 기록하고 있습니다.

03 배우고 가르치는 것이 상당한 세상입니다. 누군가는 지금 우리가 사는 세상이 순수한 지식 그 자체보다 교육적으로 조작되고 양산된 '가르치고자 하는 지식'이 훨씬 더 많다고 말하기도 합니다. 그리스도인은 많이 아는 것의 중요성을 넘어서 바르게 알고 깊이 알고 풍성하게 알아 결국 그리스도를 따르는 삶으로 나아가야 하는 중요성을 알아야 합니다.

synagogues and teachers, he had failed to learn the one thing: acting out God's Words and following Jesus who is the essence of the Word. Sadly, the Bible records that "he went away sad."

03 The world is all about learning and teaching. Some may say that in the world, there are more 'knowledge to be taught' that are educationally crafted and mass produced rather than genuinely pure knowledge. Christians must go beyond the importance of knowing a lot and realize the importance of knowing correctly, deeply and abundantly to ultimately lead to a life of following Christ.

부자 청년을 만나신 자리의 묵상 Meditation at the Place Where He Met the Young Rich Man

예수님과 함께 그 길에 서서 나의 어제와 오늘 그리고 내일을 묵상합시다.
Let's stand on the path with Jesus and meditate about our own yesterday, today, and tomorrow.

유대 지경3
Judean Boundary3

빛으로 오신 자리
요한복음 3장 1-16절

The Place Where He Came as Light
John 3:1-16

01 예수님 시대 예루살렘은 신앙의 중심지이기도 했으나 역시 통치자들의 도시였습니다. 유대인의 관점에서 볼 때 세상은 예루살렘을 중심으로 돌아갔으며 예루살렘으로부터 발생하는 원심력에 의해 움직였습니다. 세상의 중심으로서 예루살렘에는 성전을 중심으로 하는 사두개파 지도자들과 회당을 중심으로 하는 바리새파 지도자들이 있었습니다. 그들은 헤롯이 지은 거대한 예루살렘 성전 안에서 산

01 At Jesus's time, Jerusalem was not only the center of faith, but also the city of rulers. From the Jewish perspective, the world operated with Jerusalem as the center and worked through the centrifugal force of Jerusalem. As the center of the world, Jerusalem had two leaders: Sadducees who were centered around the temple and Pharisees who centered around the synagogues. In the colossal Jerusalem temple expanded by Herod, the two groups of leaders established a legisla-

헤드린(Sanhedrin)이라는 일종의 통치 의결기구를 두고 공평하게 예루살렘의 정치와 경제, 그리고 종교적인 권력을 나누어 가졌습니다. 이들은 거의 매일 예루살렘 성전에서 모여 예루살렘과 유대, 갈릴리 등의 소위 유대인들이 사는 영역에서 발생하는 문제들을 논의하고 필요에 따라 결의 과정을 거치기도 했습니다. 유대인들의 삶은 사실 이 산헤드린이라는 의결기구에 의해 좌지우지되었습니다.

02 유대 지경에서 하나님 나라의 도래를 전하는 예수님께 한 사람이 찾아왔습니다. 니고데모라 불리는 사람이었습니다. 그는 산헤드린의 회원이었습니다. 말하자면 그의 손에서 유대인들의 삶이 좌우되는 중요한 위치에 있는 사람인 것입니다. 유대인들 사이에서는 사람들 위에 우뚝 선사람이었습니다. 그런데 성경은 그렇게 큰 사람 니고데모가 한 밤중에 예수님을 찾았다고 기록하고 있습니다. 그는 세상의 중심 산헤드린 그러나 어두운 곳 산헤드린으로부터 나와 빛이신 예수

tive organization called Sanhedrin to share the political, economical and religious power. They met almost every day in the Jerusalem temple to discuss the problems in the so-called Jewish regions of Jerusalem, Judea, and Galilee; sometimes followed through with decision process. In truth, lives of Jewish people in the hand of the legislative organization Sanhedrin.

02 A man visited Jesus who was spreading the coming of God's Kingdom in the Judean boundaries. He was called Nicodemus and was a Sanhedrin member. So to speak, he was in a position with the Jewish people's lives in his hands. He was a person who stood above the common Jewish people. But the Bible records that the great man Nicodemus sought for Jesus in the dead of night. He came out from the center of the world, but a dark place Sanhedrin, or to the light, Jesus. And he took the path of salvation from Jesus who is the light.

03 In the darkness that humanity stands in, direction of faith is aiming for Jesus, the light. The direction of faith is aiming toward Jesus, the light, from

님께 왔습니다. 그리고 빛이신 예수님에게서 구원의 길을 들었습니다.

03 신앙의 방향은 인간이 선 어둠으로부터 빛이신 예수님을 지향하는 것입니다. 제아무리 세속의 중심이라 할지라도 그곳은 예수님 구원의 편에서 볼 때 어둠입니다. 우리는 어둠으로부터 일어나 빛이신 예수님을 향해 나아가야 합니다. 그리고 그분으로부터 "거듭나야 함"의 진리를 들어야 합니다. 그제야 우리는 인생의 진정한 빛으로 들어설 수 있습니다.

the darkness where humanity stands. Even if we are at the center of the common world, this place is seen as darkness from Jesus's salvation. We must get up from the darkness and move toward Jesus who becomes light for us. And we must listen to 'the truth of reformation.' Only if then, we can enter into the true light of our lives.

어두운 세상에서의 묵상 Meditation in the Dark World

예수님과 함께 그 길에 서서 나의 어제와 오늘 그리고 내일을 묵상합시다.
Let's stand on the path with Jesus and meditate about our own yesterday, today, and tomorrow.

> 예수의 길 묵상 30
> Path of Jesus Meditation 20

베데스다
Bethesda

인간을 사랑하신 자리
요한복음 5장 1-10절

The Place Where Human Was Loved
John 5:1-10

01 베데스다는 '자비의 집(House of Mercy)'이라는 뜻입니다. 현대 예루살렘 옛 성 북동쪽 스데반 문 옆에 위치해 있습니다. 안나교회(Church of St. Anna) 옆에 자리 잡고 있는 큰 샘입니다. 베데스다는 주전 2세기 유대인들의 독립 왕국이던 하스모니아 왕조 시절 성전에 쓸 물, 특히 성전에 쓰일 제물인 양들을 씻기기 위해 만들어졌습니다. 길이가 105미터, 넓이가 7.5미터나 되는 큰 곳이었습니다. 그런데

01 Bethesda has the meaning of 'House of Mercy.' It is located next to the St. Stephen's Gate, northeast of the old Jerusalem castle. The large spring is nestled next to the Church of St. Anna. Bethesda was made in 2nd century B.C. during the Hasmonean dynasty to draw the water for the temple, especially for washing the sheep for the sacrifices. Bethesda was a large place: 105 meters long and 7.5 meters wide. But sick people started gathering at the Bethesda that was

성전에 쓸 물을 저장하기 위한 목적이었던 베데스다에 병자들이 모여들었습니다. 이유는 이 베데스다 못의 병자 치유에 관한 전설 때문이었습니다. 천사가 와서 물을 동요시킬 때 가장 먼저 못에 들어가면 병이 낫는다는 것입니다. 실제로 이스라엘에서 발견되는 샘이나 물 저장소의 물은 건기와 우기에 따라 줄기도 하고 채워지기도 하는 일이 반복되었는데, 사람들은 물이 채워질 때마다 흔들거리는 물로 뛰어들기도 했습니다.

02 예수님께서 이곳 베데스다에 오셨습니다. 그리고 천사의 전설대로 병 낫기를 소망하며 그곳에 머물고 있는 한 사람을 만나셨습니다. 물이 흔들거릴 때 못에 들어가야 하는데 그에게는 돌봐주는 사람도, 그를 물에 넣어주는 사람도 없었습니다. 그는 그렇게 그곳에서 38년을 살았습니다. 예수님께서는 그 영혼을 불쌍히 여기셨습니다. 그리고 즉시 그곳 '자비의 집'의 의미를 실현하셨습니다. 예수님 자신이 정결과 치유의 주체가 되셔서 병자의 오랜

made to store water for the temple. The reason was a legend of the sick healing in the Bethesda pond. When the water is stirred by the angel, the first one to go into the lake is healed of his sickness. In reality, the water in the springs and reservoirs of Israel were decreased or increased depending on the dry or wet season and people actually tended to jump in the swaying water when the water was filled again.

02 Jesus came to this Bethesda and met a man who resided at the spring hoping to be cured of his sickness by the legend of the angel. He needed to get into the lake when it was stirred, but there was no one caring for him, nor helping him into the pool. He lived there like this for 38 years. Jesus took pity on his soul and immediately He took action on the meaning of 'House of Mercy.' Jesus Himself became the agent of pureness and healing to cure the prolonged illness of the sick man. Precisely, Jesus became the Christ of mercy.

03 Christians are people who love humans like Jesus does and open a path of mercy for them. Christians them-

병을 치유하신 것입니다. 바로 예수님이 자비의 주님이 되신 것입니다.

03 그리스도인은 예수님을 닮아 인간을 사랑하고 인간에게 자비의 길을 여는 사람들입니다. 그리스도인은 스스로 자비의 통로가 되어 하나님의 사랑이, 그리스도 예수의 치유하시는 은혜가 그것을 필요로 하는 사람에게 전해지도록 해야 합니다. 그리스도인이 스스로 인간을 사랑하신 하나님 사랑과 자비의 통로가 될 때, 세상 곳곳 베데스다 곁에서 덧없이 희망을 갈구하는 이들은 인생 구원의 빛을 보게 됩니다.

selves need to become a passageway of mercy and allow God's love, and healing grace of Jesus Christ to reach those who need it. When Christians become the path of mercy and love of God who loves humans, those who thirst for hope in Bethesda all over the world will see the light of salvation for their lives.

자비가 필요한 자리의 묵상 Meditation of the Place that Needs Mercy

예수님과 함께 그 길에 서서 나의 어제와 오늘 그리고 내일을 묵상합시다.
Let's stand on the path with Jesus and meditate about our own yesterday, today, and tomorrow.

참 메시아가 되신 길

제31일	예루살렘으로 가는 길-눈뜨고 깨닫게 하신 자리	
제32일	베다니-사람을 살리는 자리	
제33일	벳바게-겸손의 왕으로 오시는 자리	
제34일	감람산-질서를 세우신 자리	
제35일	예루살렘 입성-환대와 멸시가 교차하는 자리	
제36일	성전-하나님을 소망하는 모든 이들의 자리	
제37일	다락방-나누고 섬기신 자리	
제38일	겟세마네-십자가를 위해 기도하신 자리	
제39일	골고다-메시아로 아낌없이 내어주신 자리	
제40일	빈 무덤-부활하여 승리하신 자리	

The Path Where He Became the True Messiah

Day 31	Path to Jerusalem - The Place He Opened Our Eyes and Let Us Realize
Day 32	Bethany - The Place Where He Saved People
Day 33	Bethphage - The Place Where He Comes as the King of Humbleness
Day 34	Mount of Olives - The Place Where He Established Order
Day 35	Entering the City of Jerusalem - The Place Where Welcome And Despise Crosses
Day 36	The Temple - The Place of All Those Who Desire God
Day 37	Room of the Last Supper - The Place Where He Served and Shared
Day 38	Gethsemane - The Place Where He Prayed for the Cross
Day 39	Golgotha - The Place Where He Gave Generously as the Messiah
Day 40	Empty Grave - The Place Where He Was Resurrected and Victorious

예수의 길 묵상 31
Path of Jesus Meditation 31

예루살렘으로 가는 길
Path to Jerusalem

눈뜨고 깨닫게 하신 자리
누가복음 18장 31-43절
The Place He Opened Our Eyes and Let Us Realize
Luke 18:31-43

01 예수님의 메시아 여정은 점점 예루살렘을 향하여 가까이 다가가고 있습니다. 예수님 시절 갈릴리에서 예루살렘으로 올라가는 길은 평범한 길이 아닙니다. 원래 갈릴리를 비롯한 북쪽 사람들은 사마리아와 에브라임 산지를 거치는 족장길을 통하여 예루살렘으로 갔습니다. 그러나 사마리아인들이 중간 산지에서 사는 바람에, 대부분 유대인들은 요단강을 지나 여리고를 거쳐 가파른 고갯길을 통해 예루살렘

01 Jesus's journey as the Messiah was gradually approaching Jerusalem. During the time of Jesus, the path to Jerusalem from Galilee was not a regular path. Originally, the northerners, including Galilee, used the Way of the Patriarchs that passes by Samaria and the mountainous region of Ephraim. But because Samaritans were living in the middle of the mountainous region, most of the Jews chose to head to Jerusalem by crossing the Jordan River, passing Jericho, and climbing a steep uphill road.

으로 갔습니다. 실제로 여리고로부터 예루살렘으로 가는 길은 편하지 않습니다. 해수면보다 300미터 정도 낮은 여리고 유대광야로부터 해발 800미터가 넘는 예루살렘까지 사이에는 약 1100미터 높낮이 차이가 있는, 그것도 마르고 건조한 광야이면서도 절벽에 가까운 가파른 경사면이 펼쳐져 있습니다. 사람들은 그 경사면 사이 대체적으로 우기가 되어야 물이 흐르는 마른 계곡(wadi)을 따라 예루살렘으로 올라갑니다. 그렇다 해도 그 길은 평탄하지 않습니다. 지금도 잘 뚫린 자동차 도로가 아닌 이 옛길을 통해 예루살렘으로 가는 것은 아주 가파르고 높은 산을 오르는 것 같은 고통을 수반합니다.

02 예수님께서 제자들과 더불어 이 어려운 길을 지나고 계십니다. 예수님은 예루살렘으로 가는 길에 제자들에게 고난 받고 십자가에 달려 죽기 위해 예루살렘에 가는 것이라고 말씀하시고 가르치셨습니다. 그러나 제자들은 그 말을 알아듣지 못했습니다. 제자들은 예

The path from Jericho to Jerusalem was not an easy journey. There was an altitude difference of about 1100 meters, with Jericho and the Judean wilderness 300 meters below sea level and Jerusalem at 800 meters above sea level. The Judean wilderness featured dry and arid climate with slopes steep like cliff sides. People generally climbed to Jerusalem through the dry creeks called 'wadi' where water flows through during the wet seasons. But even if the "wadi" was dry, this path was not an easy path to take. Even now, going to Jerusalem through the old path, not through the well-paved automobile road, accompanies the pain of climbing a very steep, tall mountain.

02 Jesus is passing through this difficult road alongside His disciples. On the way to Jerusalem, Jesus spoke and taught to the disciples that He was going to Jerusalem to be persecuted and crucified to die. But the disciples did not understand His words. They could not understand that Jesus was heading to Jerusalem to be persecuted. The disciples must have thought Jesus's path to Jerusalem will only be full of glory. As if Jesus thought the dis-

수님께서 고난당하시기 위해 예루살렘으로 가신다는 말을 이해하지 못했습니다. 그들은 예수님의 예루살렘으로 가는 길이 영광만 가득하리라 생각한 모양입니다. 결국 예수님은 제자들에게 메시아 사역의 본질을 깨우쳐야 한다 생각하신 듯 그 길가에서 만난 맹인임에도 예수님을 알아보는 한 사람의 눈을 뜨게 하셨습니다.

03 예수님의 메시아 길은 고난과 고통이 전제된 길입니다. 오르는 길의 고통스러움을 동반하지 않고서 하나님의 영화롭게 하시는 은혜를 경험할 수는 없습니다. 예수님의 제자는 이 진리를 보고 깨달은 사람들입니다. 그리스도인이 십자가를 향하여 오르는 길은 필연의 고난을 통한 은혜로운 영광을 실현하는 길입니다.

ciples needed to realize the essence of the Messiah ministry, He opened the eyes of a blind man He met on the roadside, who recognized Jesus although he could not see.

03 Jesus's path of Messiah is a path premising pain and suffering. Without the pain of climbing uphill, we cannot experience the glorifying grace of God. Disciples of Jesus are people who realized this by seeing the Truth. The path Christians climb to the cross is a path of acting out the gracious glory through inevitable suffering.

 예루살렘을 향한 여정의 묵상 Meditation of the Journey to Jerusalem
예수님과 함께 그 길에 서서 나의 어제와 오늘 그리고 내일을 묵상합시다.
Let's stand on the path with Jesus and meditate about our own yesterday, today, and tomorrow.

베다니
Bethany

사람을 살리는 자리
요한복음 11장 1-44절

The Place Where He Saved People
John 11:1-44

01 베다니는 예루살렘으로 올라가는 가파른 길의 끝 무렵에 위치한 작은 마을입니다. 말하자면 감람산 동쪽 기슭 바로 아래에 위치한 동네입니다. 베다니(Bethany)는 히브리어로 집을 의미하는 '베트'(beth)와 '가난한'을 의미하는 '아니'(ani)가 함께해서 만들어진 말입니다. 그래서 베다니는 '가난한 자의 집'이라는 뜻을 가지고 있습니다. 주후 4세기 팔레스타인에 살았던 유세비우스라는 고대 기독교 역사가

01 Bethany is a small village located near the end of the steep road to Jerusalem. In other words, Bethany is a town located on the east side of Mount of Olives, under the foot of the mountain. Bethany, in Hebrew, is composed of 'beth' which means 'house' and 'ani' which means 'poor.' So the name Bethany carried the meaning of "the house of the poor." Eusebius, an ancient Christianity historian who lived in Palestine in 4th century A.D. called this place 'town of the poor' as well.

도 이곳을 '가난한 자의 마을'이라고 불렀습니다. 그래서인지 이 마을은 보기에도 다소 슬프고 연약해 보입니다. 사실 베다니가 유명한 것은 나사로 때문입니다. 예수님께서 죽은 그를 살리신 사건이 바로 이 마을에서 있었기 때문입니다.

02 유대 땅 예루살렘으로 가시던 길에 예수님께서는 사랑하는 나사로가 죽었다는 이야기를 들으셨습니다. 이윽고 마을에 도착하신 예수님은 나사로가 죽었다고 여기는 사람들과 마주하셨습니다. 나사로의 여자 형제 마르다는 "예수님이 계셨으면 오라버니가 죽지 않았을 것"이라고 말했습니다. 가족과 사람들은 그가 이미 죽었다고 확인하고 그의 장례 절차마저 끝내 버렸습니다. 그들은 무덤의 돌문을 열라고 말씀하시는 예수님의 말씀에 시신이 이미 썩기 시작해서 냄새가 날 것이라고 응대했습니다. 그들은 그들이 선 자리를 베다니의 마을 이름처럼 가난하여 슬픔이 있는 곳으로 만들어버렸습니다. 그러나 예수님은 모든 이들이 끝났다고 생각하는

Perhaps so, the village visually appears to be rather depressed and weak. In fact, the reason why Bethany is famous is because of Lazarus; the incident where Jesus raised the dead Lazarus happened in this town.

02 While on the way to Jerusalem Jesus heard that Lazarus, whom He loved, was dead. Arriving at the town, Jesus then met with the people who considered Lazarus dead. Lazarus's sister Martha said, "If you had been here, my brother would not have died." People and Lazarus's family confirmed that Lazarus had already died, so they had already finished with the funeral proceedings. Jesus asked them to open the stone gates of the tomb, but they responded that there will be bad odor because of the decaying body. They themselves made the place they stand in a place of sadness and poverty as the town's name Bethany represented. But even in a situation where everyone thought it was over, Jesus considered it a new start with hope and possibility. He had brought Lazarus back to life. Now, Bethany was not the town of the depressed nor the poor, but the town of Lazarus who came back to

상황에서 희망과 가능성, 새로운 시작을 여셨습니다. 나사로를 살리신 것입니다. 베다니는 이제 슬픈 가난한 자의 마을이 아니라 되살아난 나사로의 마을이 되었습니다.

03 그리스도인은 세상 사람들이 끝이라고 여기는 곳을 살지 않습니다. 그리스도인은 그 끝에서 새로운 시작을 알리시는 예수님의 선언을 삶의 진정한 기반으로 여깁니다. 그리스도인은 모든 것이 끝났다고 여기는 그 시간, 예수 그리스도를 통하여 만들어진 새로운 시작의 문을 여는 사람들입니다.

life.

03 Christians do not live in a place where the people of the world consider "the end." Christians consider Jesus's declaration for a new start at the end as their true foothold. Christians are people who open the doors for a new start through Jesus Christ, in the time when it seems like everything is over.

베다니의 묵상 Meditation in Bethany

예수님과 함께 그 길에 서서 나의 어제와 오늘 그리고 내일을 묵상합시다.
Let's stand on the path with Jesus and meditate about our own yesterday, today, and tomorrow.

예수의 길 묵상 33
Path of Jesus Meditation 33

벳바게
Bethphage

겸손의 왕으로 오시는 자리
마태복음 21장 1-5절
The Place Where He Comes as the King of Humbleness
Matthew 21:1-5

01 벳바게는 베다니와 같이 감람산 동쪽 기슭에 위치한 아주 작은 마을입니다. 벳바게(Bethpage)는 히브리어로 집을 의미하는 '베트'(beth)와 '덜 익은 무화과'를 의미하는 '파그'(pag)가 함께해서 만들어진 말입니다. 그래서 벳바게는 '덜 익은 무화과 열매의 집'이라는 뜻을 가지고 있습니다. 여리고에서 예루살렘으로 올라가다 보면 베다니가 먼저 나오고 그리고 벳바게가 등장합니다. 이 벳바게를 지나면

01 Bethphage is a very small town located in the eastern mountainous side of Mount of Olives alongside Bethany. Bethphage is a name made by combining 'beth' meaning 'house' and 'pag' meaning 'unripe fig.' Thus, Bethphage carries the meaning of "House of unripe fig.' Going uphill to Jerusalem from Jericho, Bethany appears first, then Bethphage. Passing Bethphage, a road that connects to Kidron valley over the top of Mount of Olives enters Jerusalem. According to the Talmud,

감람산 꼭대기를 넘어 바로 기드론 골짜기로 이어지는 길이 나오고 드디어 예루살렘에 들어서게 됩니다. 탈무드에 의하면 이곳 벳바게가 안식일에 예루살렘 사람들이 규정을 지키면서 다닐 수 있는 경계라고 합니다. 그러니까 예루살렘 동쪽 성벽으로부터는 약 1킬로미터가 안 되는 곳에 위치한, 예루살렘과 아주 가까운 곳에 위치한 예루살렘 성 밖 마을입니다.

02 예수님께서 십자가 고난을 당하시기 위해 예루살렘에 입성하는 길에 이 벳바게에서 한 가지를 준비하셨습니다. 바로 타고가실 나귀를 준비하는 것이었습니다. 이상합니다. 갈릴리에서 이제껏 걸어오셨고 그 험한 여리고에서 예루살렘까지의 광야 길도 도보를 이용하신 예수님께서 예루살렘을 채 1킬로미터도 남기지 않으시고 나귀를 준비하신 것입니다. 나귀를 타고 예루살렘에 들어가시는 것은 일종의 예수님의 연출입니다. 예수님께서는 마태가 인용한 스가랴 9장 9절의 말씀 즉, 나귀를 타고 오시는 왕

Bethphage acted as the boundary which people of Jerusalem can travel up to during the Sabbath Day and keep the regulations. So Bethphage is a town that is located outside of Jerusalem walls, but only about one kilometer away from the eastern wall.

02 Jesus prepared one thing in Bethphage on the way to enter Jerusalem to go through the suffering of the cross. He was preparing for a donkey. It was very strange. Until now, He walked from Galilee, and going on foot even on the wilderness road from Jericho to Jerusalem. But Jesus prepared the donkey not even one kilometer left to Jerusalem. Entering Jerusalem on a donkey was a kind of a scene enacted by Jesus. As Matthew quoted, Jesus was fulfilling the image of the coming king on a donkey in Zechariah 9:9. The image of the king riding on a donkey ultimately signified humbleness. Jesus, who came to save the world, did not come riding a horse symbolizing war. Jesus Christ is the humble King who does not rule the world with power and authority, but with forgiveness and grace.

03 Christians do not ask for the Messiah's grace to a king who comes

의 이미지를 실현하려 하셨습니다. 나귀를 타고 오시는 왕과 메시아의 이미지는 결국 겸손을 의미합니다. 세상을 구원하기 위해 오시는 예수님은 전쟁을 상징하는 말을 타고 오지 않으십니다. 세상을 힘과 권세로 통치하는 왕이 아니라 사랑과 자비, 용서와 은혜로 다스리는 겸손한 왕이 바로 예수님이십니다.

03 그리스도인은 세상의 패권을 쥐고 그 힘으로 세상을 다스리려 위엄 있는 권세자의 모습으로 오는 왕에게서 메시아의 은혜를 구하지 않습니다. 그리스도인들은 오히려 세상에 사랑과 정의의 평화를 가져오기 위해 겸손한 자의 모습으로 오시는 이를 메시아로 분별할 줄 아는 사람들입니다. 그리스도인은 작은 나귀 위에 앉아 오시는 주, 그분을 진정한 세상의 구원자로 영접하고 그분에게 경배와 찬양을 드립니다.

as the dignified authority with the strength that will rule over the world. But rather, Christians are people who know how to distinguish the Messiah who comes humbly to bring love, righteousness, and peace to the world. Christians receive the Christ who sits on a small donkey as the true Lord of all nations, and give worship and praise Him.

벳바게의 묵상 Meditation in Bethphage

예수님과 함께 그 길에 서서 나의 어제와 오늘 그리고 내일을 묵상합시다.
Let's stand on the path with Jesus and meditate about our own yesterday, today, and tomorrow.

예수의 길 묵상 34
Path of Jesus Meditation 34

감람산
Mount of Olives

질서를 세우신 자리
누가복음 19장 41-44절
The Place Where He Established Order
Luke 19:41-44

01 감람산은 예루살렘 동편 기드론 골짜기 건너편에 있는 산입니다. 감람산은 이 산 예루살렘을 향한 경사면에 한 때 올리브 나무들이 많이 자라서 붙여진 이름입니다. 예수님 시절 이 산 아래 기드론 골짜기 쪽에는 겟세마네라 불리는 곳이 있는데, 겟세마네는 올리브기름을 짜는 틀이라는 의미를 갖고 있습니다. 감람산은 해 뜨는 동편에 있습니다. 그래서인지 예로부터 감람산은 하나님의 은혜와 구원의 영광

01 Mount of Olives is a mountain on the opposite side of the Kidron Valley, east side of Jerusalem. The name came from the fact that many olive trees grew on the side of the mountain towards Jerusalem at one time. During Jesus's time, there was a place called Gethsemane under the mountain on the side of Kidron valley, Gethsemane carried the meaning of "olive press". Mount of Olives is on the east side where the sun rises. Perhaps so, the mountain contained the symbolism

이 예루살렘을 비추는 거룩한 곳의 의미를 갖습니다. 메시아는 바로 이 감람산 방향에서 오시리라는 예언입니다. 그래서 에스겔 선지자는 "여호와의 영광이 성읍 가운데에서부터 올라가 성읍 동쪽 산에 머무를 것"이라고 예언했습니다(겔 12:23). 이외에도 스가랴는 하나님의 영광이 그 산에 임하게 되어 산이 남북으로 갈라질 것에 대해 예언했습니다(슥 14:4).

02 메시아 되신 예수님은 구약 성경이 예언하는 그 방향을 따라 이 감람산으로부터 예루살렘으로 오셨습니다. 그런데 예수님은 영광과 능력을 갖춘 늠름하여 권세 있는 왕의 모습이 아닌 애통하여 눈물을 흘리는 모습으로 이 감람산에 서셨습니다. 예수님께서는 예루살렘으로 오시던 길, 이 감람산 기슭에서 예루살렘을 바라보며 눈물을 흘리셨습니다. 하나님의 뜻을 실현하시는 메시아 예수의 구원은 긍휼어린 눈물로부터 시작되었습니다. 예수님은 당신이 십자가에 달리실 땅 예루살렘을 바라보며 눈물을 흘리시며 십

from the ancient times of the holy place that shines God's grace and glory of salvation on Jerusalem. The symbolism was a prophecy that Messiah will come from the direction of the Mount of Olives. So Prophet Ezekiel prophesied that "The glory of the LORD went up from within the city and stopped above the mountain east of it" (Ezekiel 11:23). Besides this, Zechariah also prophesied that the glory of God will be on the mountain and it will split into north and south (Zechariah 14:4).

02 Jesus who is Messiah came into Jerusalem in the direction of the Mount of Olives as the Old Testament prophesied. But Jesus stood on the Mount of Olives, weeping and lamenting than being a dashing, powerful king with his power and glory. On the path to Jerusalem, Jesus wept, looking at Jerusalem from the Mount of Olives. Messiah Jesus's salvation that fulfilled God's will started from His merciful tears. As Jesus wept looking over Jerusalem where He will be crucified, He began His ministry for the cross.

03 Christians join Jesus's salvation ministry of the cross with a merci-

자가 사역을 시작하셨습니다.

03 그리스도인은 긍휼의 마음으로 예수님의 십자가 구원 사역에 동참합니다. 긍휼어린 마음과 눈물은 세상 구원이 실현되는 정도이며 지름길입니다. 결국 그리스도인은 예수님과 같은 마음으로 눈물을 머금고 이 세상의 축소판 예루살렘을 바라보며 감람산에 서야 합니다. 그리고 힘과 권세가 아닌 사랑과 이해와 용서와 자비로 그 땅의 사람들을 구원으로 인도할 십자가 길을 찾아가야 합니다.

ful heart. Merciful heart and tears are the right path and shortcut to fulfilling salvation of the world. At the end, Christians need to stand with choking tears and mind like Jesus, looking toward Jerusalem, a small version of the world. And we need to find the path of the cross that leads the people on the earth to salvation; it is not through power nor authority, but with love, understanding, forgiveness and mercy.

감람산의 묵상 Meditation at the Mount of Olives

예수님과 함께 그 길에 서서 나의 어제와 오늘 그리고 내일을 묵상합시다.
Let's stand on the path with Jesus and meditate about our own yesterday, today, and tomorrow.

예수의 길 묵상 35
Path of Jesus Meditation 35

예루살렘 입성
Entering the City of Jerusalem

환대와 멸시가 교차하는 자리
마태복음 21장 6-11절

The Place Where Welcome And Despise Crosses
Matthew 21:6-11

01 유월절이 가까워오자 많은 사람들이 예루살렘으로 왔습니다. 세계 각처에 흩어져있던 유대인들도 절기를 지키기 위해 예루살렘에 모여들었습니다. 유월절은 '뛰어넘다' 혹은 '지나가다'라는 의미를 가진 유대인의 가장 중요하면서도 가장 오래된 절기 가운데 하나였습니다. 이 때 유대인들은 양을 잡아 그 피를 문설주에 바르고 하나님의 진노를 피하고 구원의 길에 이른 옛날 출애굽 시대 선조들의 풍습을

01 As the time neared the Passover, many people came to Jerusalem. Even the Jews scattered all across the world gathered in Jerusalem to keep the holiday. Having the meaning of 'passing over' or 'passing' (When translated, Korean for "Passover" is a compound word without obvious meaning), Passover was one of the most important and oldest of the holidays to Jewish people. At this time, Jewish slaughtered a sacrificial lamb, following the exodus custom of putting blood

좇아 희생양을 잡았습니다(출 12장). 한 때 이 절기의 의미를 잃고 절기를 지키는 일 조차 잊고 살았던 때가 있었으나 유대인들은 대체로 이 절기의 중요성을 잘 알았습니다. 특히 로마의 압제가 아직 서슬 퍼렇던 예수님 시절 유대인들은 오래전 그들의 조상이 구원을 얻었던 것처럼 자신들에게도 어서 구원이 이르기를 소망하는 마음이 간절했습니다. 그래서 구원을 상징하는 절기인 유월절을 바르게 지키기 위해 예루살렘에 모여들었습니다.

02 이 절묘한 시기에 예수님은 스스로 유월절 희생양이 되기 위해 예루살렘에 오셨습니다. 그것도 메시아 왕을 상징하는 나귀를 타고 예루살렘에 입성하셨습니다. 이 놀라운 퍼포먼스에 사람들은 열광했습니다. 유대인들은 그들이 익히 알고 있던 스가랴 예언자의 말씀대로 작은 나귀를 타고 예루살렘에 들어서는 예수님을 열렬히 환영했습니다. 그러나 다른 한편으로 그들은 예수님을 조롱하기도 했습니다. "갈릴리 나사렛에서 나온 선지자 예

on the doorframe to escape God's wrath and reach the path of salvation (Exodus 12). Although at one time, the holiday lost its meaning and even forgotten to be celebrated, most Jews knew the importance of this season. Especially with the Jewish during the time of Jesus feeling the edge of Rome's sword oppressing them, they were desperate for a hope for salvation as their ancestors gained their salvation. Thus, they all gathered in Jerusalem to correctly keep the Passover that represents their salvation.

02 At this exquisite time, Jesus came to Jerusalem to become the lamb for Passover. On top of that, He entered the city riding a donkey, symbolizing the Messiah King. People rejoiced with this surprising performance. The Jewish people enthusiastically welcomed Jesus who entered Jerusalem on a small donkey, as the well-known words of Prophet Zechariah prophesied. But on the other hand, they mocked Jesus as well. The crowd chattering "This is Jesus, the prophet from Nazareth in Galilee" (Matthew 21:11) is beyond a simple welcoming. It is the thought

The Path Where He Became the True Messiah

수라"(마 21:11)고 떠드는 모습은 단순한 환영을 넘어서는 말들입니다. 나사렛에서 무슨 선한 것이 나겠느냐는 생각입니다(요 7:41,52). 예수님은 마지막까지 세상으로부터 환대와 멸시를 동시에 받으셨습니다.

03 예수님께서 세상의 구원자로 오시는 것은 세상이 환영할 모습이 아닙니다. 예수님은 어렸을 때에도 이미 이런 이유로 헤롯에게 어려움을 겪으신 적이 있습니다. 그리스도인 역시 마찬가지입니다. 그리스도인은 "너희가 나로 말미암아 고난을 당하고 박해를 받을 것"이라고 말씀하신 예수님을 기억해야 합니다. 그러나 그리스도인은 세상의 멸시와 조롱을 넘어서는 구원의 길을 여는 사람들입니다.

that states what good could come out of Nazareth (John 7:41, 52). Even at the end, Jesus received both welcoming and scorning from the world.

03 Jesus coming as the world's savior is not a moment the world will welcome. Jesus had already gone through a struggle with Herod with similar reasons when He was young. This goes same for Christians. We need to remember what Jesus had said: "you will be persecuted and hear all kinds of evil against you because of me." But Christians are people who open the path of salvation over the world's ridicule and scorn.

예루살렘 성문의 묵상 Meditation at the Jerusalem Gates

예수님과 함께 그 길에 서서 나의 어제와 오늘 그리고 내일을 묵상합시다.
Let's stand on the path with Jesus and meditate about our own yesterday, today, and tomorrow.

예수의 길 묵상 36
Path of Jesus Meditation 36

성전
Temple

하나님을 소망하는 모든 이들의 자리
마가복음 11장 15-18절
The Place of All Those Who Desire God
Mark 11:15-18

01 유대인들의 성전은 원래 솔로몬에 의해 최초로 지어졌습니다(왕상 6:37-38). 하지만 주전 586년 솔로몬의 성전은 느부갓네살에 의해 파괴되었고 그 이후 70년이 지나서 스룹바벨에 의해 제2성전이 지어졌습니다(주전 516년). 이 성전은 하스모니아 왕조 시절까지 이어졌습니다. 이후 헤롯대왕은 스룹바벨의 제2성전을 중수했습니다. 그는 제사장 천 명에게 석공 기술을 가르쳐 화려하고 멋진 성전을 짓게 했습

01 The Jewish temple was first and originally built by King Solomon (1 Kings 6:37-38). However, in 586 B.C. Solomon's temple was destroyed by Nebuchadnezzar and after 70 years, the second temple was built by Zerubbabel (516 B.C.). This temple lasted until the Hasmonean dynasty. Afterwards, Herod the Great repaired and expanded the second temple. He had a thousand priests learn stonemasonry skills and had them build an elegant and fabulous temple. The temple he re-

니다. 그가 중수한 성전은 이전 솔로몬의 것보다 훨씬 더 큰 것이었습니다. 기단부는 더 높아졌고 성소를 둘러 멋진 회랑이 장엄하게 만들어졌습니다. 메시아가 오시는 동편 감람산 방향에는 황금문이 세워졌습니다. 성전에는 유대인 남자들만 들어가는 중앙부의 제단 및 성소가 있고, 그 바깥 영역에 유대인 여인들의 뜰이 있었으며 그 바깥, 낮은 돌담으로 둘려진 지역 바깥에 이방인의 뜰이 있었습니다. 예수님시절 안타깝게도 이 이방인의 뜰은 성전세를 환전하는 사람들과 성전에 드릴 제물을 파는 사람들의 좌판으로 뒤덮였습니다. 결국 이방인들은 성전에서 설 자리를 잃었습니다.

02 십자가의 길 여정을 본격적으로 시작하신 예수님은 원래의 의미를 상실한 성전을 비판하셨습니다. 그리고 이방인의 뜰을 차지한 장사꾼들을 몰아내셨습니다. 이 때 예수님께서 이사야서를 인용하여 하신 말씀은 매우 의미가 있습니다. "내 집은 만민이 기도하는 집이라"(사 56:7). 예수님은 하나님

paired was much bigger than what Solomon had constructed. The foundation was much higher, and gorgeous corridors were grandly constructed around the Holy Place. In the eastern direction toward Mount of Olives where the Messiah comes, the Golden Gate was erected. Inside the temple, there was the Court of Israel. In the Court of Israel was the altar as well as the Holy Place. The Women's Court was in the outer region, and the outside the low stone wall was the Court of Gentiles. Unfortunately during the time of Jesus, the Court of Gentiles was full of people who are exchanging currency for temple tax, and merchant stands selling offering animals for the sacrifices. At the end, gentiles lost their place in the Jerusalem temple.

02 Starting the path to cross in earnest, Jesus criticized the temple that had lost its original meaning. Then He drove out the merchants who took over the Court of Gentiles. The verse Jesus used from the book of Isaiah at this time was very meaningful: "…my house will be called a house of prayer for all nations"

예배하는 성전이 유대인을 넘어서 하나님을 사모하는 모든 이들의 집이 되어야 함을 선언하신 것입니다.

03 하나님께서 임재하시는 곳은 하나님을 사모하는 누구에게나 열린 곳이어야 합니다. 그 어떤 직위나 권세도 사모하는 마음으로 들어서는 발걸음을 가로막을 수 없습니다. 마찬가지입니다. 십자가 구원의 은혜를 사모하여 나아오는 누구에게나 십자가를 향한 길은 열려 있어야 합니다. 그리스도인은 십자가의 길을 가로막는 이가 아니라 세상 모든 이들을 십자가의 구원의 길로 중보하는 신실한 제자들입니다.

(Isaiah 56:7). Jesus was proclaiming the fact that the temple for worshipping God needs to be a house of all those who love God, beyond being Jewish.

03 The place of God's presence should be an open place for anyone who loves God. Positions nor authority cannot stop the steps taken with the heart. It is the same for God's place. Path of the cross should be open to anyone who comes forth loving the grace and salvation of the cross. Christians are faithful disciples who do not stop others from going to the path of cross, but are interceding for world, leading them to the path of salvation in the cross.

성전을 바라보는 묵상 Meditation While Looking Toward the Temple

예수님과 함께 그 길에 서서 나의 어제와 오늘 그리고 내일을 묵상합시다.
Let's stand on the path with Jesus and meditate about our own yesterday, today, and tomorrow.

The Path Where He Became the True Messiah

예수의 길 묵상 37
Path of Jesus Meditation 37

다락방
Room of the Last Supper

나누고 섬기신 자리
누가복음 22장 7-15절

The Place Where He Served and Shared
Luke 22:7-15

01 마가라는 청년의 집으로 알려진 '큰 다락방'은 예루살렘의 윗도시(Upper City) 지역에 있는 한 저택의 2층이었습니다. 2층이라 하면 일반적으로 우리의 사랑방과 같은 역할을 하는 곳이었습니다. 바깥으로부터 출입이 가능했던 곳이어서 집주인이 안채를 통하지 않고 손님을 맞이하는 곳이었습니다. 마가가 살던 윗도시 지역은 그 옛날 포로기를 지나면서 '시온산'이라고 불리던 곳이었습니다. 히스기야 왕 시

01 The 'Room of the Last Supper,' known as the house of a young man named Mark, was the second floor of a mansion in the Upper City region of Jerusalem. Generally, the second floor had the role of the living room. It was connected from the outside, so the house owner can greet the guests without passing through the main building. Passing through the Babylonian and Persian captivity, the Upper City region that Mark lived in gained the name of 'Mount Zion'.

절 예루살렘에 포함되었으며 남서쪽에 유명한 힌놈의 아들 골짜기를 끼고 있었습니다. 포로에서 돌아온 유다 백성들은 새롭게 이 지역에 정착하여 살기 시작했는데 독립 왕조였던 하스모니아 왕조 시절에 이르러 지역은 보다 체계적인 도시로 개발되어 하스모니아 왕궁을 비롯하여 다윗의 영묘 등 주요시설들이 이곳에 들어섰습니다. 특히 예루살렘 제사장들을 비롯한 지도자들이 이 지역에 자리 잡고 살았습니다. 헤롯 역시 이곳에 자신의 왕궁을 지었습니다. 마가는 훗날 초대교회의 집사 가운데 한 사람인 바나바의 조카입니다(골 4:10, 행 12:25). 그는 어머니와 더불어 이 집에 살면서 예수님과 제자들을 위해 헌신하며 모임 장소를 제공했습니다(행 12:12).

02 예수님께서는 마가의 집 다락방에서 제자들과 더불어 유월절 저녁 만찬을 가지셨습니다. 예수님께서는 이 때 제자들에게 자신을 온전히 내어주시는 영적 식사 교제의 방식을 세우셨습니다. 오늘 우리가 지키는 '성찬예식'의 시작입니다. 또 예

The piece of land was added into Jerusalem during the time of King Hezekiah, and surrounded the famous Gehenna Valley of the southwest (Gehenna means Valley of the Son of Hinom). The Judean people from captivity first settled here to live. Then during the Hasmonean dynasty, the region was developed into a systematic city, with the key facilities such as the Hasmonean palace and King David's Tomb built. Especially, the leaders such as the Jerusalem priests settled in this region. Herod, too, had built his palace here. Mark was the nephew of Barnabas, one of the deacons of the First Church (Colossians 4:10, Acts 12:25). Living together with his mother, Mark devoted to Jesus and His disciples, and provided them a place to meet (Act 12:12).

02 Together with His disciples, Jesus had His Passover supper in the second floor room of Mark's home. At this moment, Jesus established a form of spiritual meal that wholly gives himself. It was the start of the communion that we keep today. And also in this room, Jesus washed the feet of the disciples (John 13:1-15). Jesus

수님께서는 이 다락방에서 제자들의 발도 씻겨주셨습니다(요. 13:1-15). 예수님께서는 이 다락방에서 그리스도의 사랑을 나누는 거룩한 공동체를 이루는 법과 서로 섬기며 사는 모범을 보이신 것입니다.

03 오늘 그리스도인의 교회는 예수님께서 모범을 보이신 이 두 가지 실천 위에 굳건하게 서 있습니다. 그리스도인들의 교회는 그리스도의 십자가 사랑을 나누는 공동체이어야 합니다. 나아가 그리스도인들의 교회는 예수님을 본받아 서로 앞에 자기를 낮추고 서로 섬기는 공동체이어야 합니다. 유월절 전날의 은혜는 오늘도 그리스도인들의 나눔과 섬김을 통해 이어져야 합니다.

had shown the example of how to form a holy community, sharing the love of Christ as they live and serve each other.

03 Today, the church of Christians stand firmly on the two good examples set by Jesus. The church of Christians must be a community to share the love of Christ on the cross. Further, the church of Christians must humble themselves in front of each other modeling after Jesus and be a community to serve one another. The grace of night before Passover needs to continue through the sharing and serving of the Christians today.

다락방의 묵상 Meditation at the Room of the Last Supper

예수님과 함께 그 길에 서서 나의 어제와 오늘 그리고 내일을 묵상합시다.
Let's stand on the path with Jesus and meditate about our own yesterday, today, and tomorrow.

예수의 길 묵상 38
Path of Jesus Meditation 38

겟세마네
Gethsemane

십자가를 위해 기도하신 자리
마태복음 26장 36-45절
The Place Where He Prayed for the Cross
Matthew 26:36-45

01 겟세마네는 아람어로 '기름 짜는 틀'을 말합니다. 감람산에 많은 양의 올리브나무들이 있었던 것으로 보아 이곳의 이름이 겟세마네인 것은 올리브나무 열매들을 가져다가 이곳에 있는 틀에서 짜 기름을 얻었던 것으로 보입니다. 올리브 기름을 얻던 겟세마네로 불리는 자리 위쪽으로는 오래된 올리브나무들이 많이 있었고 그것은 조용한 정원과 같은 모습을 하고 있어서 요한은 예수님께서 자주 방문하신 이

01 In Aramaic, Gethsemane means the 'Olive Press.' The reason for the name Gethsemane may be from the fact that olives harvested from the Mount of Olives were brought here to be pressed for oil. The old olive trees above the olive press resembled a quiet garden. John recorded this place as 'the garden' that Jesus frequently visited (John 18:1). Jesus often came to Gethsemane (Luke 22:39-40). Whenever Jesus went to Jerusalem, He always came here for a quiet and tran-

곳을 동산(garden)이라고 표현하기도 했습니다(요 18:1). 예수님께서는 이곳 겟세마네에 자주 가셨습니다(눅 22:39-40). 예수님께서는 예루살렘에 가실 때마다 조용하고 한적한 이곳을 찾으셨습니다. 그리고 갈릴리의 한적한 곳(eremos)에서 그렇게 하신 것처럼 이곳에서 기도하는 가운데 하나님과 대화하셨습니다.

02 예수님께서는 유월절 만찬을 마친 후에도 역시 이곳 겟세마네를 찾으셨습니다. 그리고 하나님께 기도하셨습니다. 그런데 이번에 드리는 기도는 이전과는 많이 달랐습니다. 이번 예수님의 기도는 땀이 피같이 흘러내리는 기도였습니다(눅 22:44). 예수님께서는 그 기도에서 이렇게 말씀하셨습니다. "내 아버지여 만일 할 만하시거든 이 잔을 내게서 지나가게 하옵소서 그러나 나의 원대로 마시옵고 아버지의 원대로 하옵소서"(마 26:39). 예수님은 이 자리에서 자신의 인간적인 처지보다는 하나님의 뜻에 집중하셨습니다. 그러자 하늘 천사가 예수님의 기도를 도왔습니다(눅 22:43).

quil place. As He had done in His 'eremos' (Tranquil Place #22) in Galilee, He conversed with God in prayer here.

02 Even after finishing the Passover supper, Jesus visited Gethsemane and prayed to God. But the prayer this time was very different from the past. It was a prayer with blood-like sweat(Luke 22:44). In the prayer, Jesus said "My Father, if it is possible, may this cup be taken away from me. Yet not as I will, but as you will" (Matthew 26:39). At this place, rather than His humanly will, Jesus focused on God's will. And then, an angel from heaven came and helped Jesus's prayer (Luke 22:43).

03 Christians must pray for the cross they each have to carry. Christians must pray, not for their personal gains with their personal will ahead, but for God's will to be fulfilled. Even in midst of expecting pain, if God's Kingdom and His Will precedes, God will send His angels and His Spirit to help us. And on that day, as Jesus prayed toward our cross led by the Holy Spirit, He will be with us in our prayers.

03 그리스도인은 각자가 져야 할 십자가를 위해 기도해야 합니다. 그리스도인은 자기 뜻을 앞세워 자기가 얻을 이익을 위해서가 아니라 오직 하나님의 뜻이 실현되기를 위해 기도해야 합니다. 고난이 예상되는 가운데에도 하나님의 나라와 하나님의 의를 앞세운다면 하늘 하나님께서는 당신의 천사들과 당신의 성령을 보내셔서 우리를 도우실 것입니다. 그날 예수님을 인도하신 성령께서 우리의 십자가를 향한 기도에도 함께 하실 것입니다.

겟세마네의 묵상 Meditation in Gethsemane

예수님과 함께 그 길에 서서 나의 어제와 오늘 그리고 내일을 묵상합시다.
Let's stand on the path with Jesus and meditate about our own yesterday, today, and tomorrow.

예수의 길 묵상 39
Path of Jesus Meditation 39

골고다
Golgotha

메시아로 아낌없이 내어주신 자리
마가복음 15장 20-37절
The Place Where He Gave Generously as the Messiah
Mark 15:20-37

01 골고다는 예수님께서 십자가에 달리신 곳입니다. 골고다는 헬라어인데, 아람어로는 '굴가타'라고 하고, 라틴어로는 '칼바리에' 즉, 갈보리로 표기됩니다. 보통 '해골'이라는 뜻을 가지고 있습니다. 어떤 사람들은 오래 전부터 이곳에서 처형이 자주 이루어졌기 때문에 골고다 즉, 해골이라고 불렸다고 합니다. 혹자는 이곳에 무덤들이 많아서 골고다라는 이름이 붙여졌다고도 합니다. 어쨌든 예수님 시대 골고

01 Golgotha is the place where Jesus was crucified. The word 'Golgotha' is a Greek(Hellenian) word, is 'Golgolta' in Aramaic, and 'Calvariæ' in Latin, which leads to the word Calvary. Generally, it carries the meaning of 'skull.' Some people say the place was called Golgotha because there were many executions here. Some also say the name came from the fact that there are many graves at this location. In any way, Golgotha during the time of Jesus was outside the city on the west side of

다는 예루살렘 서쪽 밖으로 알려져 있습니다. 그래서 요한은 이곳이 '성 가까운 곳'이라고 언급하고 있습니다(요 19:20). 히브리서 역시 이곳이 '성문 밖'(히 13:12)이라고 기록하고 있습니다. 그런데 예수님 시대를 지나 헤롯 아그립바 1세(주후 40-44년) 시절 이 골고다는 새롭게 세워진 예루살렘 북쪽 성벽과 더불어 예루살렘 성 안으로 들어오게 됩니다. 그리고 오랫동안 처형장으로 사용되던 골고다의 슬픈 역사 또한 끝나게 됩니다.

02 예수님께서는 겟세마네에서 체포되신 후 가야바의 개인 집 종교 법정에서 밤새 심문을 받으셨습니다. 그리고 성전 옆 안토니우스 요새에 있는 로마 총독 빌라도의 법정에서 최종적인 사형 판결을 받으셨습니다. 그렇게 로마 군인들에게 넘겨진 예수님은 채찍질 당하신 후 가시관을 쓰신 채 스스로 매달릴 십자가의 가로 막대를 지고서 영문 밖 골고다까지 가셨습니다. 예수님께서는 그 모든 고난을 세상 구원을 위해 스스로 감당하셨습니다. 그

Jerusalem. So John referenced Golgotha as the place 'near the city' (John 19:20). The book of Hebrews also recorded that this place was 'outside the city gate' (Hebrews 13:12). But past the time of Jesus into the time of Herod Agrippa I, Golgotha was included in the Jerusalem walls with the newly built northern city wall. Finally, the sad history of the execution site in Golgotha ended.

02 After Jesus was arrested in Gethsemane, He was interrogated all night in the religious court in the personal home of Caiaphas. And in the Antonia Fortress next to the temple, He received the final execution verdict by the court of Prefect Pontius Pilate. Jesus, who was then handed to the Roman soldiers, was whipped and carried the horizontal side of His cross to the Golgotha outside the gates with a crown of thorns on His head. For the salvation of the world, Jesus had bore all the suffering himself. And on the cross of Golgotha, Jesus proclaimed "It is finished" and passed (John 19:30). The centurion who difficulty underwent the execution confessed, "Surely this was a

리고 골고다 십자가 위에서 "다 이루었다"고 선언하시고 돌아가셨습니다(요 19:30). 이 모든 일을 지난하게 치른 백부장은 십자가 앞에 서서 "이는 참으로 의인이었다."고 고백했습니다(눅 23:47).

03 그리스도인은 진중하게 십자가를 묵상하는 사람입니다. 그리스도인은 십자가 길(via Dolorosa)을 예수님과 함께 걸어야 합니다. 그리스도인은 예수님께서 달리신 골고다 십자가 앞에 서서 온전히 자기를 내어주신 어린양 예수의 죽어가는 과정을 지켜보아야 합니다. 그렇게 그 모든 고난과 죽음의 여정을 지켜본 후 스스로의 입술로 백부장처럼 고백해야 합니다. "당신은 진정 하나님이시며 나의 구원자이십니다."

righteous man" (Luke 23:47).

03 Christians are people who earnestly meditate on the cross. Christians need to walk the path of the cross, the 'via Dolorosa' with Jesus (Villa Dolorosa is a street in Jerusalem believed to be the path that Jesus walked on his way to crucifixion). Christians need to stand in front of Jesus crucified on the Golgotha cross and watch the process of the Lamb's death who wholly gave His life. And after observing all the suffering and journey of death, Christians need to confess with their own lips as the centurion did: "You are the true God and my Savior."

골고다의 묵상 Meditation at the Golgotha

예수님과 함께 그 길에 서서 나의 어제와 오늘 그리고 내일을 묵상합시다.
Let's stand on the path with Jesus and meditate about our own yesterday, today, and tomorrow.

예수의 길 묵상 40
Path of Jesus Meditation 40

빈무덤
Empty Grave

부활하여 승리하신 자리
누가복음 24장 1-10절

The Place Where He Was Resurrected and Victorious
Luke 24:1-10

01 예수님께서 처형당하신 골고다와 묻히신 무덤은 가까운 거리에 있습니다. 예수님은 처형당하신 후 십자가에서 내려져 바로 옆에 있던 아리마대 사람 요셉의 아직 사용하지 않은 무덤에 묻히셨습니다(요 19:38~42). 예수님께서 부활하신 후 얼마 지나지 않아 헤롯 아그립바 1세에 의해 세 번째 성벽이 만들어지면서 골고다와 무덤은 예루살렘 북쪽 신시가지로 포함되었습니다. 오랜 기간 사용되던 인생 슬

01 The Golgotha where Jesus was executed and the tomb where He was buried are in close proximity. After the execution, Jesus was lowered from the cross and was buried in a near-by unused tomb of Joseph Arimathea (John 19:38-42). As the third city wall was built by Herod Agrippa I shortly after Jesus's resurrection, Golgotha and the tomb was included in the new northern section of Jerusalem. The long-used Golgotha execution site symbolizing the sadness of life and the

품의 상징이던 골고다 처형장과 주변 무덤들은 모두 사람들이 거주하는 곳으로 바뀌게 되었습니다. 주후 70년 예루살렘이 완전히 파괴된 후 골고다 자리에는 비너스 신을 숭배하는 신전과 황제 하드리아누스 황제를 숭배하는 신전이 들어섰습니다. 로마인들은 예수님께서 죽으시고 묻히신 곳을 자기들의 신전들로 봉인했습니다. 그렇게 200여년이 지난 후 콘스탄티누스 황제는 이 신전들을 교회로 고쳐지으라는 명령을 합니다. 이 때 황제의 어머니 헬레나는 그곳이 예수님께서 처형당하시고 묻히신 곳임을 발견하게 됩니다. 골고다와 성묘는 그렇게 로마의 신전 아래 훼손 없이 고스란히 발견되었습니다.

02 예수님께서는 죽으시고 묻히신 그 자리에서 부활하셨습니다. 예수님은 하나님의 능력으로 죽음의 권세를 이기시고 부활하셨습니다. 예수님의 죽음을 봉인했던 무덤은 비었고 예수님은 모든 죄와 죄의 결과로서 죽음에 대하여 승리를 선언하셨습니다. 예수님께서는 여인

tombs around the area were converted into residential areas. In 70 A.D. after Jerusalem was completely destroyed, on the site of Golgotha, a temple worshipping Venus and Emperor Hadrian. Romans sealed Jesus's burial place with their own temples. And after 200 years, Constantine the Great orders reworking the temples to be churches. At this time, the emperor's mother Helena discovers this was the place where Jesus was executed and buried. Thus the Holy Sepulcher was discovered intact and without damage under the Roman temple.

02 Jesus was resurrected from the same place where He was buried. Jesus defeated the authorities of death with the power of God and resurrected. The tomb that sealed Jesus's death was empty and Jesus had declared victory over death, the result of all sins. Jesus showed his resurrected self to the women. He also showed his resurrected self to the disciples on their way to Emmaus, and those who were hiding in Mark's attic. He notified the disciples who went down to Galilee of the resurrection as well. The witnessed life is

들에게 당신의 부활하신 모습을 보이셨습니다. 엠마오 길로 내려가던 제자들과 마가의 다락방에 숨어있던 제자들에게도 부활하신 모습을 보이셨습니다. 갈릴리로 내려가 있던 제자들에게도 부활을 알리셨습니다. 이제 예수님께서는 제자들에게 부활의 승리를 세상에 전하라고 하셨습니다. 증인된 삶은 제자들과 교회의 역사 속 최고의 사명입니다.

03 그리스도인은 부활의 증인입니다. 그리스도인은 각자의 삶에서 부활하신 예수님을 목격하고 경험한 사실을 전하는 증인입니다. 그리스도인의 증인활동 프로그램은 세상 끝 날까지 계속될 것입니다. 죽으셨으나 죽음을 극복하시고, 마침내 부활하셔서 승리하신 예수님의 증인, 그들이 바로 우리 그리스도인들입니다.

the highest calling of the disciples and the history of church.

03 Christians are the witnesses of the resurrection. Christians are witnesses who spread the news of seeing and experiencing the resurrected Jesus. Christians' program of witnessing acts will continue to the end of this world. We are Christians, the witnesses of Jesus, the One who died, but overcame the death and finally rose again victoriously.

 빈 무덤가의 묵상 Meditation of the Empty Grave

예수님과 함께 그 길에 서서 나의 어제와 오늘 그리고 내일을 묵상합시다.
Let's stand on the path with Jesus and meditate about our own yesterday, today, and tomorrow.